너무 과해서 멸종한 생물 도감

YARISUGI ZETSUMETSUIKIMONOZUKAN

Copyright © 2019 by Tadaaki Imaizumi, Satoshi Kawasaki
All rights reserved
Original Japanese edition published by Takarajimasha, Inc.
Korean translation rights arranged with Takarajimasha, Inc.
through Eric Yang Agency Co., Seoul.
Korean translation rights © 2021 by SARAMIN PUBLISHING COMPANY

이 책의 한국어판 저작권은 EYA (Eric Yang Agency)를 통한
Takarajimasha사와의 독점계약으로 '사람in'이 소유합니다.
저작권법에 의하여 한국 내에서 보호를 받는 저작물이므로
무단전재 및 복제를 금합니다.

너무 과해도 멸종한다고요?

너무 과해서 멸종한 생물 도감

이마이즈미 타다아키 | 고나현 역

시작하며

너무 과해서 멸종한 생물 도감의 세계로 초대합니다

이 책은 제목처럼 '너무 과해서 멸종한 생물'을 다루고 있어요. 특히 척추동물이 많은데, 척추동물은 머리와 등뼈가 있는 동물을 말합니다. '너무 과하다'는 것은 뭘 말하는 걸까요? 크게 두 가지 뜻이 있어요.

첫 번째는 '너무 진화해서 멸종했다'는 뜻입니다. 동물이 너무 커지는 바람에 멸종했다거나 너무 아름다워서 멸종한 사례가 있어요. 다만 지구상에 존재했다가 사라진 생물들이 다 그렇듯이, 한 생물이 멸종하는 데는 딱 한 가지 이유만 있는 것은 아닙니다.

만약 동물이 따뜻한 환경에서 살았는데 그곳의 기온이 갑자기 내려가 추운 지역으로 바뀌면 어떻게 될까요? 그 동물은 당연히 살 수 없겠지요. 사냥감이 부족해져서 먹이를 구할 수 없었거나 사냥감을 인간에게 빼앗긴 것도 대형 동물이 멸종한 이유가 됩니다. 이 책에서는 여러 이유들 중에서 특히 눈길이 가는 점에 초점을 맞춰서 소개할게요.

'너무 과하다'의 두 번째 뜻은 정말 너무 과했다는 거예요. 너무 빨라서, 너무 덩치가 커서, 너무 키가 커서처럼 극단적으로 진화한 생물들이 있었답니다.

지구가 생기고 생명이 태어난 것은 38억 년 전이에요. 그때의 생명은 단세포였어요. 호흡도 하지 않고 바닷속에 있는 유기물을 섭취하며 살았죠. 그 이후로 오랜 세월을 거쳐서 상상도 못할 만큼 진화한 생물이 된 거예요. 그 과정에서 지나칠 정도로

심하게 진화했지만 지금은 이 세상에 존재하지 않는 생물들을 소개할 거예요.
그 생물들 외에도 여러분이 알면 깜짝 놀랄 생물의 조상을 소개할게요. 인간이든 뱀이든 기린이든 어떤 생물이든 기원이 있습니다. 하지만 아무리 봐도 지금 우리가 아는 생물의 조상이라고 볼 수 없을 정도로 전혀 닮지 않은 생물도 있습니다. 이 책에서는 여러분이 알면 깜짝 놀랄 생물을 소개할게요.
그럼 멸종한 생물들의 세계로 Let's Go!

목차

시작하며 …4
생물 멸종과 지구 연대 …9

제1장
너무 과해서 멸종한 생물들

지나치게 아름다웠던 하와이 새 **하와이 꿀빨이새(오아후오오)** …14
사상 최초의 대형 초식 포유류 **코리포돈** …16
위쪽은 얼룩말 아래쪽은 말 **콰가** …18
이렇게 예쁜 앵무새인데! **캐롤라이나 앵무** …20
말처럼 생긴 고릴라? **칼리코테리움** …22
뚱뚱한 체격의 펭귄 **파키딥테스** …24
다리 달린 듀공 **페조시렌** …26
샤벨 타이거의 동료 **스밀로돈** …28
뿔이 달린 쥐 **에피가울루스** …30
소의 조상 **오록스** …32
너무 위험한 우제류 **엔텔로돈** …34
복슬복슬한 갈기가 불행을 불러온 **바바리 사자** …36
판다의 조상 **아일루아락토스** …38
하늘을 날 수 없는데도 경계심이 전혀 없었던 새 **도도** …40
거대한 들소 **자이언트 들소** …42
긴 털로 뒤덮인 코뿔소 **털코뿔소** …44
캘리포니아주의 깃발에도 등장하는 **캘리포니아 그리즐리 베어** …46
고양잇과 중에서 가장 큰 **동굴 사자** …48

전체 길이가 4m인 아르마딜로 **도에디쿠르스** ···50
[칼럼] 인류가 멸종시킨 생물들 1 **매머드는 왜 멸종했을까?** ···52

제2장
너무 진화해서 멸종한 생물들

실루리아기의 거대 전갈 **브론토스코르피오** ···56
3m에 달했던 세계 최대 암모나이트 **파라푸조시아** ···58
15.5m의 날개로 하늘을 나는 거대한 익룡 **케찰코아틀루스** ···60
역사상 등껍질이 가장 큰 거북 **스투펜데미스** ···62
뒷다리로 하늘을 날았다? **샤로빕테릭스** ···64
탯줄로 이어진 어미와 새끼 **마테르피스키스** ···66
거대하고 복잡한 뿔 **에우클라도케로스** ···68
등지느러미에 이빨이 나 있었다?! **아크모니스티온** ···70
너무 작은 코끼리 **팔래오록소돈 팔코네리** ···72
땅 위를 달리는 거대 올빼미 **오르니메갈로닉스** ···74
캥거루의 이미지를 바꿔놓을 **에칼타데타** ···76
쥐보다는 하마가 아닐까? **요제파오르티가시아** ···78
가장 거대한 조류 **드로모르니스** ···80
너무 무섭게 생긴 멧돼지 **메트리디오코에루스** ···82
매머드의 왕 **송화강 매머드** ···84
긴 어금니가 하나만 있는 기묘한 고래 **오도베노케톱스** ···86
기린 같은 낙타 **티타노틸로푸스** ···88
거대한 2m의 뿔을 자랑하는 **엘라스모테리움** ···90

코에 불균형한 뿔이 나 있는 **신테토케라스** …92

고대의 대형 초식 포유류 **우인타테리움** …94

[칼럼] 인류가 멸종시킨 생물들 2 인간이 달군 돌을 먹인 탓에 멸종한 자이언트 모아 …96

제3장
이게 그 생물의 조상이라고요?!

뱀의 조상 **파키라키스** …100

인간의 조상이라고 불리는 **퍼가토리어스** …102

코끼리의 조상이라고요?! **포스파테리움** …104

놀라운 점이 많은 코끼리의 동료 **플라티벨로돈** …106

얼룩말인 듯 기린인 듯 **팔래이오트래구스** …108

목은 짧지만 기린과인 **시바테리움** …110

고양잇과의 조상?! **슈델루루스** …112

등껍질이 없는 고대 거북 **에오린크오킬리스 시넨시스** …114

두 발로 걸었던 악어의 친척 **헤스페로수쿠스** …116

별난 습성을 가진 악어의 친척 **스토마토수쿠스** …118

엄청나게 큰 나무늘보의 친척 **메가테리움** …120

설마 고래?! **파키케투스** …122

질주하는 코뿔소?! **히라코돈** …124

하마를 닮은 코뿔소 **텔레오케라스** …126

최초의 양서류 **이크티오스테가** …128

멸종 생물을 교훈으로 삼아야 해요 …130

생물 멸종과 지구 연대

생물 멸종의 역사가 곧 지구의 역사!

38억 년 전에 생명이 태어난 후로 지금까지 수도 없이 많은 생물이 멸종하고 새로 생겨났어요. 지구상에는 특히 큰 생물 멸종이 여러 번 있었죠.

여기서는 그 생물 멸종과 지구의 역사를 간단히 설명할게요. 생물 멸종의 역사가 곧 지구의 역사라고도 할 수 있어요. 참고로 글로 남아 있는 역사만으로는 지구의 역사를 전부 알 수 없어요. 기록으로 남은 역사는 아주 최근의 것이니까요. 46억 년인 지구의 역사 중 고작 6,000년 정도죠. 기록으로 남은 역사는 전체 역사 중에서 77만 분의 1 정도예요. 가늠이 안 되죠? 그만큼 아주 아주 짧답니다.

지구의 역사를 보려면 기록상의 역사가 아니라 지질 시대로 그 시대를 알아봐야 해요. 지질에는 시대별로 특징이 있어서, 그 특징에 따라 지질 시대를 구분합니다. 그 특징 중 하나가 바로 어떤 생물이 살았냐는 것이에요.

고생대, 중생대, 신생대

지질 연대는 가장 크게 명왕누대, 시생누대, 원생누대, 현생누대 4가지로 구분됩니다. 하지만 이 책에 원생누대 이전 시대는 나오지 않아요. 제대로 된 화석이 발견되지 않았기 때문이에요.

다만 원생누대 끝 무렵에도 생물의 대멸종이 일어났어요. 학자들은 '곤드와나'라는 대륙이 형성되고 이동하면서 생긴 충격을 멸종 원인으로 추측하고 있지만, 아직 확실하지 않아요. 당시에는 지구상의 대륙이 합쳐졌다가 분리되기를 반복했거든요.

원생누대의 생물은 뼈가 없는 부드러운 조직으로 이루어져 있었어요. 그런데 이 대멸종 이후에 삼엽충처럼 몸 표면을 뒤덮는 골격이 있는 생물이 나타나죠. 이 대멸종으로 많은 생물이 사라지고 새로 생겨났어요.

원생누대 이후 이어진 현생누대는 크게 3가지로 나뉘어요. 바로 고생대, 중생대, 신생대예요. 삼엽충이 번영한 시대를 고생대, 암모나이트나 공룡이 멸종한 시기가 중생대, 그 다음인 조류와 포유류가 번영한 시대를 신생대로 정했죠.

◆ 지질 시대의 구분 ◆

이언	대	기	연대
현생누대	신생대	제4기	258만 8,000년 전 ~ 현대
		신제3기	2,303만 년 전 ~ 258만 8,000년 전
		고제3기	6,600만 년 전 ~ 2,303만 년 전
	중생대	백악기	1억 4,500만 년 전 ~ 6,600만 년 전
		쥐라기	2억 130만 년 전 ~ 1억 4,500만 년 전
		삼첩기	약 2억 5,190만 년 전 ~ 2억 130만 년 전
	고생대	페름기	2억 9,890만 년 전 ~ 약 2억 5,190만 년 전
		석탄기	3억 5,890만 년 전 ~ 2억 9,890만 년 전
		데본기	4억 1,920만 년 전 ~ 3억 5,890만 년 전
		실루리아기	4억 4,380만 년 전 ~ 4억 1,920만 년 전
		오르도비스기	4억 8,540만 년 전 ~ 4억 4,380만 년 전
		캄브리아기	5억 4,100만 년 전 ~ 4억 8,540만 년 전
원생누대			25억 년 전 ~ 5억 4,100만 년 전
시생누대			40억 년 전 ~ 25억 년 전
명왕누대			46억 년 전 ~ 40억 년 전

<국제 지질 연대표 2019년 5월판> 참조

캄브리아기의 생명 대폭발!

고생대의 첫 연대가 캄브리아기예요. 대멸종 후에 지구상에는 생물체가 폭발적으로 생겨나요. 조금 전에 이야기한 절지동물인 삼엽충뿐만 아니라, 이매패류와 비슷한 완족동물, 날개를 단 새우처럼 생긴 버제스 셰일 동물군, 산호 등의 생물체가 대량으로 생겨나죠.

하지만 이 캄브리아기도 번영하던 동물들이 멸종하면서 막을 내려요. 왜 멸종했는지는 아직 알 수 없어요. 척추동물이 생겨나면서 그때까지 존재하던 생물들이 생존 경쟁에서 졌다는 설이 있지만, 반대 의견도 있어요.

고생대 실루리아기의 생물, 브론토스코르피오

페름기와 백악기의 대멸종

고생대의 마지막 시대를 페름기라고 해요. 이 시대를 마지막으로 지구상의 생물 90%가 멸망했고, 해양 생물의 96%가 사라졌어요. 이 멸종은 지구 역사상 가장 큰 멸종인데, 이로써 페름기는 끝이 나요.

왜 페름기에 대멸종이 일어났을까요? 여러 가지 설이 있어요. 하나는 해안선의 후퇴에 따른 환경 변화예요. 이때 전 세계적으로 해안선이 후퇴했어요. 해안선의 후퇴로 먹이사슬이 무너지면서 대멸종이 일어났을 것으로 추측하는 설이죠. 그 밖에 화산 활동이 활발해지면서 유독 가스가 퍼졌다거나 거대 운석이 충돌했다는 설이 있지만 아직 확실하지 않아요.

삼엽충 등의 고생대 생물이 완전히 멸종하고 새로운 생물이 등장했죠. 바로 공룡이에요. 이 멸종기를 이겨낸 파충류가 진화해 공룡이 된 거예요.

공룡마저 멸종하면서 중생대 백악기가 끝나요. 공룡이 멸종한 가장 큰 원인은 거대 운석의 충돌로 보고 있어요. 그 충격은 핵폭탄이 수천 개 떨어진 것과 맞먹는다고 하죠.

이 대멸종을 극복한 생물이 조류와 포유류로, 특히 포유류는 다양한 환경에 진출해 번성했어요. 이 시기가 신생대예요.

제1장
너무 과해서 멸종한 생물들

너무 진화해서 멸종한 생물들을 한자리에 모았어요.
19종의 친구들이 왜 멸종했는지 알아봐요.

지나치게 아름다웠던 하와이 새
하와이 꿀빨이새(오아후오오)

하와이 꿀빨이새는 하와이 고유의 새예요. 신대륙에서 온 한 종류의 새가 하와이에서 진화했고, 그 수가 가장 많을 때는 50종 이상 있었어요. 이 새는 깃털이 너무 아름다워서 하와이 왕족의 상징이 되었어요. 왕족들은 이 새의 아름다운 깃털과 꼬리를 이용해서 관이나 망토를 만들었죠. 이것을 '페더 레이'라고 하는데, 지금도 박물관에 전시되어 있어요.

하와이 꿀빨이새를 비롯한 오오과의 새들은 하와이 제도에서 세 번째로 큰 섬인 오아후 섬에 살았는데, 인간에게 과도하게 사냥을 당했어요. 인류가 삼림을 개발하면서 살 곳도 빼앗겼고요.
게다가 조류 말라리아라는 전염병이 돌면서 1827년에 멸종했어요. 너무 아름다운 것도 멸종 이유가 된답니다.

하와이 왕족의 상징이 되었다

이 생물은?

- **이름** 오아후오오
- **분류** 조류 되새과
- **멸종 시기** 1827년까지 생존
- **크기** 전체 길이 30.5cm(수컷)
- **발견지/서식지** 하와이 오아후 섬에 서식
- **이름의 뜻** '오오' 하고 우는 새

아름다운 깃털은 옷 장식에 쓰였다

아름다운 깃털을 탐낸 인간이 무분별하게 사냥하면서 멸종했다!

사상 최초의 대형 초식 포유류
코리포돈

아기 하마와 닮았지만 전혀 다른 종의 동물이에요. 범치목에 속하지만, 이 범치목 자체가 이미 멸종했어요. 큰 송곳니와 이빨이 전부 모여 있는 것이 범치목의 특징이에요. 발견된 화석에서 이빨이 크게 손상되지 않은 것으로 보아 부드러운 식물을 먹었을 것 같아요. 키가 2m 이상이었으니 역사상 최초의 대형 초식 포유류였어요. 하지만 뇌의 크기는 같은 포유류 중에서도 가장 작았나 봐요. 열심히 덩치를 키웠지만 뇌가 몸을 따라주지 못한 거죠. 그래서 뇌가 발달하지 못해서 멸종한 것으로 추측하고 있어요.

이 생물은?

- 이름: 코리포돈
- 분류: 포유류 코리포돈과
- 멸종 시기: 신생대 고제3기
- 크기: 어깨 높이 2~2.5m
- 발견지/서식지: 미국, 중국에서 발견
- 이름의 뜻: 구부러진 어금니

위쪽은 얼룩말 아래쪽은 말
콰가

위쪽은 얼룩말 모양

인간이 고기와 가죽을 얻기 위해 죽였다

'잠옷 바지를 깜박한 얼룩말'이라는 표현처럼 상반신에만 얼룩 무늬가 있어요. 이 동물의 고기는 쇠고기나 양고기 맛이 나서 맛있었다나 봐요. 고기뿐만 아니라, 가죽으로 구두나 자루를 만들려는 목적에서 사람들이 마구 잡았어요. 콰가는 남아프리카에서 느긋하게 살아와서 인간에 대한 경계심이 거의 없었어요. 그 탓에 인간에게 바로 잡혔던 것 같아요. 1883년 암스테르담의 동물원에서 마지막 암컷이 죽으면서 멸종했어요. 하지만 현재 사바나 얼룩말의 아종이라는 사실이 밝혀져서 교배를 통해 새로운 콰가가 탄생했어요. 남아프리카 국립공원에서 볼 수 있답니다.

● 아래쪽은 말 모양

인간을 거의 경계하지 않아서 멸종했다

이 생물은?

□ 이름	콰가
□ 분류	포유류 말과
□ 멸종 시기	1883년까지 생존
□ 크기	키 135cm
□ 발견지/서식지	남아프리카에 서식
□ 이름의 뜻	'콰아콰아' 하고 우는 말

이렇게 예쁜 앵무새인데!
캐롤라이나 앵무

캐롤라이나 앵무는 과일을 아주 좋아했어요. 미국 개척 시대 때 동부에 살던 이 앵무는 과수원에 무리 지어 살았어요. 자신이 힘들게 가꾼 과수원에서 과일을 먹는 앵무들에게 인간은 어떻게 반응했을까요?
너무 화가 나서 산탄총으로 앵무들을 쏘아 죽였어요.
앵무들도 할 말은 있어요. 인간이 앵무가 살던 숲을 과수원으로 바꿔놓았거든요. 맛있는 과일이 열리던 숲이 갑자기 사라져버린 것이니까요.
죽은 앵무의 고기는 식용으로, 아름다운 깃털은 여성들의 모자 장식으로 쓰였어요.
캐롤라이나 앵무는 1918년 미국의 신시내티 동물원에 있던 마지막 한 마리가 죽으면서 멸종했어요.

과수원에 피해를 입혀서 인간이 총으로 쏘아 죽였다

이 생물은?

- **이름**   캐롤라이나 앵무
- **분류**   조류 앵무과
- **멸종 시기**   1918년까지 생존
- **크기**   전체 길이 35cm
- **발견지/서식지**   북아메리카에 서식
- **이름의 뜻**   앵무새

말처럼 생긴 고릴라?
칼리코테리움

얼굴은 말인데 몸은 고릴라인 동물이 상상이 되나요? 굉장히 특이한 생김새의 동물이 바로 칼리코테리움이에요. 이 동물은 오늘날의 고릴라나 침팬지처럼 앞다리 관절을 안쪽으로 굽히고 걸었어요. 칼리코테리움의 주식은 나뭇잎이었어요. 뒷다리보다 긴 앞다리에는 갈퀴가 있었는데, 그 갈퀴로 나뭇잎을 모아서 먹었어요.

발견된 화석에서 이빨 손상이 적었던 것으로 보아 부드러운 식물을 즐겨 먹었을 것 같아요.
이 동물이 살던 신생대 신제3기는 한랭화가 진행된 시대였어요. 나무는 줄어들고 숲은 초원으로 바뀌었죠. 식량인 나뭇잎을 구하기가 하늘의 별 따기가 되면서 멸종했을 것으로 보여요.

숲을 고집했지만 숲이 사라지며 멸종했다

이 생물은?

- 이름　　　　칼리코테리움
- 분류　　　　포유류 칼리코테리움과
- 멸종 시기　　신생대 신제3기
- 크기　　　　전체 길이 2m
- 발견지/서식지　유럽, 아프리카, 아시아에서 발견
- 이름의 뜻　　자갈 짐승

뚱뚱한 체격의 펭귄
파키딥테스

대형 자이언트 펭귄이에요. 현재 지구상에서 가장 큰 펭귄은 황제펭귄으로, 그 크기가 120cm 정도 돼요. 파키딥테스 중에는 키가 160cm까지 자라는 펭귄도 있었어요. 인간으로 치면, 황제펭귄과 파키딥테스는 어린아이와 성인 여성 정도의 차이가 나죠. 몸무게는 80kg였고요. 좀 뚱뚱했죠.

멸종 이유는 확실하지 않아요. 다만 덩치가 크면 먹이도 많이 필요한데, 지구에 한랭화가 진행되면서 사냥감이 감소해서 멸종했을 것으로 보고 있어요. 수륙 양생 동물이어서 물속에 특화된 고래와의 생존 경쟁에서 밀려서 지구상에서 사라진 것으로 보는 추측도 있어요.

땅에 너무 집착해서 고래에게 졌다

이 생물은?

- □ 이름　　　　파키딥테스
- □ 분류　　　　조류 펭귄과
- □ 멸종 시기　　신생대 고제3기
- □ 크기　　　　몸 길이 1.4~1.6m
- □ 발견지/서식지　뉴질랜드에서 발견
- □ 이름의 뜻　　무겁고 뚱뚱한 잠수부

다리 달린 듀공
페조시렌

듀공을 닮은 얼굴

이 생물은?

- 이름　　　　페조시렌
- 분류　　　　포유류 프로라스토무스과
- 멸종 시기　　신생대 고제3기
- 크기　　　　몸 길이 1.8m
- 발견지/서식지　자메이카에서 발견
- 이름의 뜻　　걷는 세이렌(그리스 신화의 괴물)

"고래처럼 바다 멀리 갈 수 있었다면 살아 있었을까?"
페조시렌은 듀공 같은 해우류의 조상이에요. 페조시렌은 얕은 바다에서 자라는 거머리말 같은 식물을 좋아해서 고래처럼 먼바다에서 먹이를 찾을 필요가 없었어요. 그래서 얕은 바다와 육지를 왔다 갔다 하며 살았던 것 같아요. 길이가 1.8m나 되는 몸을 받치는 다리는 튼튼했어요. 하지만 환경 변화로 바다 여울이 사라지자 페조시렌은 살 곳을 잃었어요. 거머리말만 먹는 게 아니라 고래처럼 바닷속 생물까지 먹을 수 있었다면 어쩌면 살아남았을지도 모르는데 말이죠.

여울에서 자라는 거머리말만 먹다가 멸종했다?!

지느러미가 아니라 다리가 4개 있었다

땅 위에서 걸을 수도 있었다

샤벨 타이거의 동료
스밀로돈

스밀로돈은 골격이 당당한 동물로, 몸 길이는 2m 정도였고 길고 날카로운 어금니가 있었어요. 나이프 같은 어금니와 앞다리를 이용해서 사냥감의 숨통을 끊었을 것 같아요.
신생대 제4기 갱신세 말에 살았던 샤벨 타이거(검치호랑이)의 동료예요.
스밀로돈은 고양잇과 동물이지만 안타깝게도 발이 느렸나 봐요.
발이 느린 탓에 사냥감을 덮쳐서 힘으로 제압하는 사냥법이 매우 거칠었죠.
치타처럼 발이 빠른 다른 고양잇과 동물이 진화한 것과 먹잇감이 될 대형 초식 포유류가 줄어든 것이 멸종 원인이 되었어요. 덩치 크고 힘 좋은 육식 짐승이지만, 강하기만 해서는 살아남을 수 없었나 봐요.

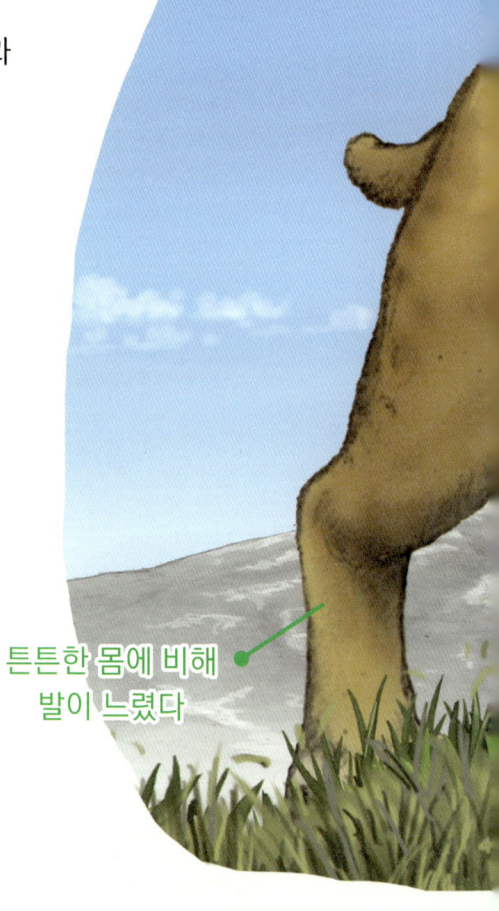

튼튼한 몸에 비해 발이 느렸다

이 생물은?

- 이름　　　　스밀로돈
- 분류　　　　포유류 고양잇과
- 멸종 시기　　신생대 제4기
- 크기　　　　전체 길이 2m
- 발견지/서식지　북아메리카, 남아메리카에 서식
- 이름의 뜻　　나이프 같은 이빨

속도가 너무 느려서 멸종했다?!

강하기만 해서는 살아남을 수 없었다

크게 발달한 이빨로 사냥감의 숨통을 끊었다

뿔이 달린 쥐
에피가울루스

뿔 2개는 방어용이었을까?

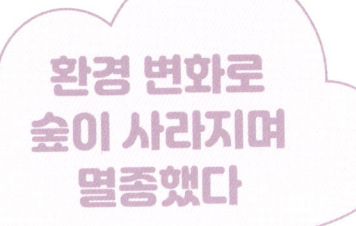

환경 변화로 숲이 사라지며 멸종했다

"어째서인지 숲이 좋아. 평지는 영 별로야." 설치류인 에피가울루스가 했을 법한 말이에요. 에피가울루스의 친구들은 평지가 늘고 숲이 줄어들면서 멸종했어요. 에피가울루스의 머리에는 뿔이 2개 있었어요. 설치류 중에서 뿔이 나 있는 동물은 에피가울루스뿐이죠. 뿔은 몸을 지키기 위한 용도였을 거라고 추측하고 있어요. 앞다리는 비교적 짧은 데 비해 뼈와 근육이 튼튼했고, 커다란 손과 긴 발톱으로 땅에 구멍을 파고 살았던 모양이에요. 복잡한 에나멜질을 형성하는 큰 이빨도 두드러진 특징입니다.

숲의 흙을 너무 좋아해서 멸종했다

이 생물은?

□ 이름	에피가울루스
□ 분류	포유류 밀라가울루스과
□ 멸종 시기	신생대 신제3기
□ 크기	몸 길이 35~45cm
□ 발견지/서식지	미국에서 발견
□ 이름의 뜻	뿔 달린 땅다람쥐

소의 조상
오록스

서식지가 줄어든 데다 밀렵 때문에 멸종했다

오록스는 1만 5천 년 전의 라스코 벽화에도 나왔어요. 우리가 가축으로 기르는 소의 조상이죠. 오록스 고기가 꽤 맛있었는지 석기 시대 때부터 식용 목적으로 사냥당했어요. 오록스는 유라시아 대륙과 북아프리카에 살았는데, 메소포타미아에서는 페르시아 제국이 생길 무렵에 멸종했고, 북아프리카에서는 고대 이집트 말엽에 멸종했어요. 인간의 남획뿐만 아니라 서식지인 숲이 개발된 것도 멸종한 이유예요. 중세 유럽에서는 아직 살아 있었지만 매우 귀해서 왕족만 오록스를 사냥할 수 있었어요. 하지만 계속 몰래 사냥당하면서 1627년 폴란드 바르샤바 교외의 숲에서 조용히 멸종했어요.

이 생물은?

- 이름 : 오록스
- 분류 : 포유류 소과
- 멸종 시기 : 1627년까지 생존
- 크기 : 몸 길이 2.5~3.1m, 키 1.8m
- 발견지/서식지 : 유럽, 북아프리카, 아시아에 서식
- 이름의 뜻 : 가축 소의 조상

너무 위험한 우제류
엔텔로돈

동족끼리 서로 잡아먹기도 했다

양쪽 뺨의 뼈가 발달해 툭 튀어나왔다

우제류라는 단어가 많이 낯설죠? 우제류는 소나 사슴처럼 발굽이 짝수인 포유류를 말해요. 엔텔로돈에게는 '지옥에서 온 돼지'라는 별명이 붙어 있어요. 돼지나 멧돼지 같은 우제류이지만, 실제로는 하마에 가까웠을 것으로 보고 있어요. 생김새처럼 매우 공격적이어서, 발견된 화석의 머리뼈에는 손상된 흔적이 아주 많았어요.

목 근육도 매우 강했고, 날카로운 이빨이 죽 나 있어 사냥감을 남김없이 먹어치웠을 것으로 보여요. 잡식성으로 나무 열매부터 동물 사체까지 무엇이든 잘 먹었을 것 같아요. 그래서 식량을 둘러싸고 엔텔로돈끼리 처절한 싸움을 벌였을 것으로 추측하고 있어요. 동족을 먹었을 것 같고, 동종이나 근연종(생물의 분류에서 유연관계가 깊은 종류)과의 격렬한 싸움 과정에서 희생되어 멸종했을 것이라는 설도 있어요.

너무 공격적인 습성 때문에 멸종했다?!

이 생물은?

- **이름** 엔텔로돈
- **분류** 포유류 엔텔로돈과
- **멸종 시기** 신생대 고제3기
- **크기** 몸 길이 1.5~1.8m
- **발견지/서식지** 유럽, 중국에서 발견
- **이름의 뜻** 완벽한 이빨

복슬복슬한 갈기가 불행을 불러온
바바리 사자

매우 멋진 갈기를 지닌 바바리 사자. 덩치도 일반 사자보다 매우 크고 멋졌어요. 하지만 이렇게 멋진 탓에 로마 시대 때부터 과시용으로 사냥을 당했어요.
로마의 군인이자 정치가인 카이사르는 400마리의 바바리 사자를 거느리고 승전 행진을 했다나 봐요. 그렇게 무차별하게 포획한 탓에 그 수가 급격히 줄었어요. 그 후로도 오락용과 과시용으로 사냥하는 바람에 수가 계속 줄어들었어요. 1922년 마지막 한 마리가 사살되면서 야생에서는 멸종했지요.

그러다 2012년 모로코의 라바트 동물원에서 바바리 사자를 사육 중이라는 발표가 있었어요. 그곳에서 새끼가 3마리 태어나면서 멸종했다가 멋지게 부활했답니다.

갈기가 너무 멋있어서 멸종했다

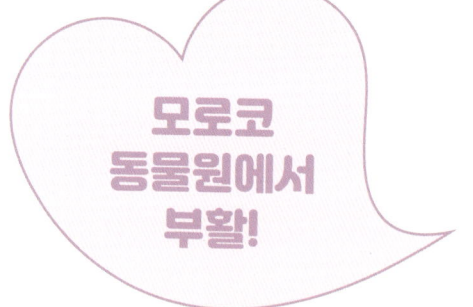
모로코 동물원에서 부활!

이 생물은?

- 이름: 바바리 사자
- 분류: 포유류 고양잇과
- 멸종 시기: 1922년까지 생존
- 크기: 몸 길이 3m (추정)
- 발견지/서식지: 북아프리카에 서식
- 이름의 뜻: 바바리 지방(이집트)의 사자

판다의 조상
아일루아락토스

판다의 조상인 아일루아락토스. 오늘날의 판다는 초식성이지만 아일루아락토스는 육식성이었어요. 서식지가 유럽까지 널리 퍼져 있었지만 800만 년 전에 멸종했어요. 육식을 했기 때문일까요? 확실하지는 않아요. 오늘날의 판다가 대나무를 먹게 되면서 살아남은 것을 생각하면, 정말 육식 때문일지도 모르겠어요.
판다는 위가 초식동물과 달리 매우 짧아서 굳이 육식을 하겠다고 하면 할 수 있어요. 그렇지만 아주 오래 전 기후 변화로 겨울에 먹을 것이 대나무밖에 없었고 그 이후로 고기를 고집하지 않게 된 습성이 죽 이어진 것이죠. 어쩌면 아일루아락토스도 풀을 먹었더라면 살아남았을지도 몰라요.

이 생물은?

- 이름　　　아일루아락토스
- 분류　　　포유류 곰과
- 멸종 시기　신생대 신제3기
- 크기　　　키 1m
- 발견지/서식지　중국에서 발견
- 이름의 뜻　자이언트 판다의 조상

고기에 너무 집착하다 멸종했다?!

대나무를 먹지 않았던 판다의 조상

오늘날의 판다와 달리 육식을 했다

하늘을 날 수 없는데도 경계심이 전혀 없었던 새
도도

인도양 남서부의 모리셔스 섬은 1638년에 네덜란드가 식민지로 만들기 전까지는 무인도였어요. 그 무인도에서 (날 수는 없었지만) 느긋하게 날개 뻗고 지내던 새가 바로 도도예요.
비둘기의 동료이지만 전혀 날지 않아서 토실토실했어요.
육지와 멀리 떨어진 외딴섬인 데다 천적이 없어서 태평하게 살던 도도는 경계심이 전혀 없었어요. 그러다 인간을 따라 개나 쥐, 돼지 같은 동물들이 섬에 들어오면서 도도를 잡아먹었어요.

야생화된 쥐 등이 도도의 알이나 새끼를 먹어치우면서 결국 새끼를 찾아볼 수 없게 되었죠. 그렇게 되기까지 걸린 시간은 고작 43년. 이제 도도는 지구상에 한 마리도 남아 있지 않아요.

천적이 없어서 너무 방심하고 있다가 멸종했다

이 생물은?

- **이름** 　　　　도도
- **분류** 　　　　조류 도도과
- **멸종 시기** 　　1681년까지 생존
- **크기** 　　　　전체 길이 1m
- **발견지/서식지** 　인도양 모리셔스 섬에 서식
- **이름의 뜻** 　　어리석다(포르투갈어)

거대한 들소
자이언트 들소

가로 폭이 2m가 넘는 뿔을 자랑하는 자이언트 들소. 현재 살아 있는 아메리카 들소의 뿔이 1m도 채 안 되니까 상당한 크기였겠죠. 무게도 2t은 나갔어요.
자이언트 들소는 숲에서 나뭇잎을 먹고 살았어요. 비교적 온난한 지역에서 살았는지 캘리포니아에서도 화석이 발견되었어요. 하지만 한랭화가 진행되면서 숲이 좁아지자 살 곳을 잃어버렸죠.
숲을 벗어나도 초원에는 이미 더 작은 바이슨 안티쿠스(고대 들소로 현재는 멸종함)나 아메리카 들소가 있어서 민첩함이 떨어지는 자이언트 들소는 생존 경쟁에서 살아남지 못했어요.

이 생물은?

□ 이름	자이언트 들소
□ 분류	포유류 소과
□ 멸종 시기	신생대 제4기
□ 크기	키 2.5m
□ 발견지/서식지	미국에서 발견
□ 이름의 뜻	폭넓은 이마의 들소

긴 털로 뒤덮인 코뿔소
털코뿔소

추운 기후에 적응한 털과 가죽

네안데르탈인에게 사냥당했을 것이다?

뿔이 2개 있었다

이 생물은?

- **이름** 　 털코뿔소
- **분류** 　 포유류 코뿔소과
- **멸종 시기** 　 신생대 제4기
- **크기** 　 몸 길이 4m
- **발견지/서식지** 　 유럽, 아시아에서 발견
- **이름의 뜻** 　 고대의 푹 꺼진 이빨을 가진 자

2015년 털코뿔소의 생후 7개월 된 새끼가 영구 동토(지층의 온도가 연중 0℃ 이하로 항상 얼어 있는 땅)에서 발견되었어요. 이 새끼 털코뿔소를 복원하니 금빛의 복슬복슬한 털을 확인할 수 있었어요. 털코뿔소는 이름처럼 털이 많은 코뿔소예요. 빙하기에 살았고 추운 빙하기를 견디기 위해 긴 털이 필요했어요. 커다란 두 뿔은 눈을 헤치고 식량인 풀을 찾기 위한 것이었죠. 당시 이 털코뿔소를 사냥하던 주요 인류는 네안데르탈인이에요. 털코뿔소의 고기뿐만 아니라 복슬복슬한 털도 사냥의 목적이었어요. 그들은 털코뿔소의 복슬복슬한 털로 추운 빙하기를 이겨내려고 했거든요.

털이 너무 길고 복슬복슬해서 멸종했다

캘리포니아주의 깃발에도 등장하는
캘리포니아 그리즐리 베어

사납고 용감했지만 인간의 적이 되어 멸종했다

목장의 가축을 공격했다

1922년 캘리포니아 툴레어 카운티에서 곰 한 마리가 사살되었어요. 송아지를 잡아먹으려고 하다가 걸렸는데, 이 곰이 마지막으로 사살된 캘리포니아 그리즐리 베어였어요.
이 곰은 매우 사납고 용맹스러워서 캘리포니아 사람들이 멕시코에서 독립하기 위해 전쟁을 벌일 때 깃발에 그려 넣을 정도였죠. 하지만 이 캘리포니아 그리즐리 베어가 가축을 공격하자 인간은 두고 보지 않고 대규모 소탕 작전에 나섰어요. 1924년 캘리포니아의 세코이아 국립공원에서 나타난 한 마리를 마지막으로, 캘리포니아 그리즐리 베어는 인간 세상에서 모습을 감췄답니다.

모피도 이용 가치가 있었다

너무 사나워서 인간에게 쫓겨났다

이 생물은?

이름	캘리포니아 그리즐리 베어
분류	포유류 곰과
멸종 시기	1924년까지 생존
크기	몸 길이 1.8~3m
발견지/서식지	미국 캘리포니아에 서식
이름의 뜻	캘리포니아의 회색곰

고양잇과 중에서 가장 큰
동굴 사자

동굴 사자는 크로마뇽인의 벽화에도 나와요. 그 벽화에는 갈기가 없는 모습으로 그려져 있어요. 하지만 이탈리아 등에서 발견된 유럽 동굴 사자에게는 갈기가 있었어요. 이 사자는 이름처럼 동굴에 살며 매머드나 말, 들소 같은 동물들을 잡아먹었어요. 하지만 대형 사냥감이 줄어들자 차츰 모습을 감췄죠. 동굴 사자는 대형 동물이어서 평범한 사자보다 몸집이 훨씬 컸나 봐요. 대형 사냥감이 사라지자 더 작은 포식동물과의 생존 경쟁에서 살아남지 못했을 것으로 보고 있어요.

매머드 같은 대형 사냥감을 잡아먹었다

이 생물은?

- **이름** 동굴 사자
- **분류** 포유류 고양잇과
- **멸종 시기** 신생대 제4기
- **크기** 몸 길이 3~3.5m
- **발견지/서식지** 유럽, 아시아에서 발견
- **이름의 뜻** 동굴의 표범

전체 길이가 4m인 아르마딜로
도에디쿠루스

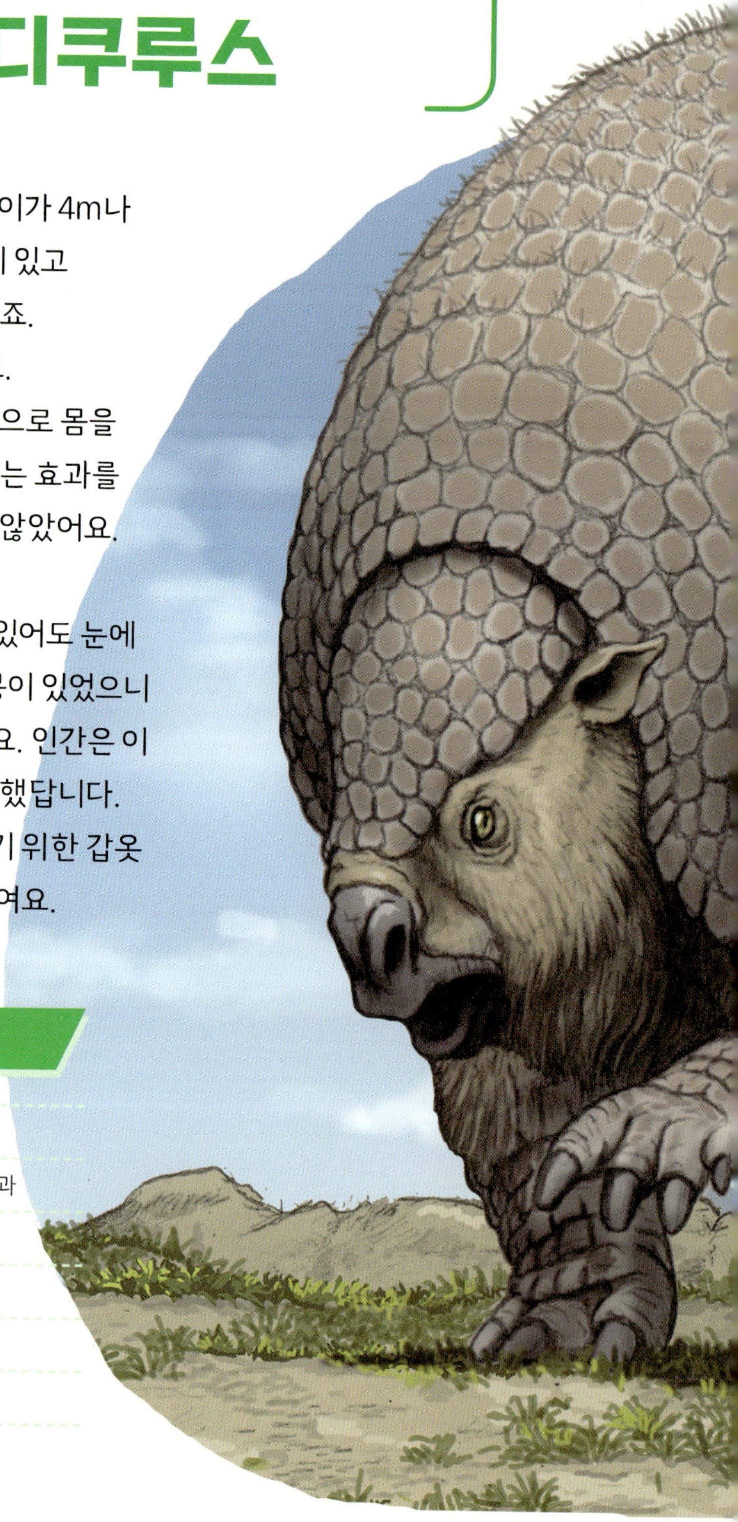

아르마딜로의 친척으로 전체 길이가 4m나 되었어요. 등에는 튼튼한 갑옷이 있고 꼬리에는 가시 달린 곤봉이 있었죠. 갑옷의 높이는 160cm나 됐어요. 도에디쿠루스는 이 갑옷과 곤봉으로 몸을 보호했어요. 다른 포식동물에게는 효과를 발휘했지만 인간에게는 통하지 않았어요. 오히려 이 갑옷을 노렸죠.
4m나 되는 거대한 몸집은 어디 있어도 눈에 띄는 데다 이렇게 큰 갑옷과 곤봉이 있었으니 민첩하게 움직이지 못했을 거예요. 인간은 이 갑옷을 자신들의 방패로 쓰려고 했답니다. 도에디쿠루스는 자기 몸을 지키기 위한 갑옷 때문에 오히려 멸종한 것으로 보여요.

이 생물은?

- 이름　　　도에디쿠루스
- 분류　　　포유류 요정아르마딜로과
- 멸종 시기　신생대 신제3기~제4기
- 크기　　　전체 길이 4m
- 발견지/서식지　남아메리카에서 발견
- 이름의 뜻　절굿공이 꼬리

칼럼 인류가 멸종시킨 생물들 ①

매머드는 왜 멸종했을까?

매머드는 왜 멸종했을까요? 그 답은 아직 수수께끼에 싸여 있어요. 학자들이 멸종 원인으로 생각하는 유력한 설은 2가지예요. 하나는 인간이 매머드를 너무 많이 사냥했기 때문에 멸종했다는 것이고, 다른 하나는 기후 변화 때문에 멸종했다는 것입니다.

인간의 과도한 사냥으로 매머드가 멸종했다?

매머드는 인간에게 아주 유용한 사냥감이었어요. 우선 매머드 고기가 사냥의 주요 목적이었지요. 한 마리만 잡아도 꽤 많은 사람들이 먹을 수 있었죠. 매머드 가죽으로는 옷을 만들었고, 이빨로는 무기나 도구를 만들 수 있었어요. 게다가 매머드의 뼈는 집을 받치는 기둥으로 쓸 수 있었고요. 다만 매머드를 잡는 데는 상당한 노동력이 필요했어요. 덫을 쳐놓고 여러 사람이 매머드를 그 덫으로 유인했어요.

그래서 집단으로 사냥하고 집단으로 매머드를 이용했죠. 많은 사람이 이용하려면 매머드가 많이 필요했을 테니 너무 많이 잡았을 가능성이 있어요. 하지만 러시아 시베리아 북부에 있는 브란겔 섬에서 발견된 매머드는 4,000년 전에 멸종했는데, 그 시기는 인간이 그 땅에 아직 살지 않던 때예요. 인간이 매머드 멸종의 원인이 아닐 가능성도 있다는 뜻이죠.

기후 변화로 매머드가 멸종했다?

두 번째 멸종 원인은 기후 변화예요. 매머드가 살았던 시대는 빙하기였는데, 빙하기가 끝날 무렵 매머드는 멸종했어요. 매머드의 몸은 추운 땅에 적응한 상태였어요. 예를 들어, 귀가 꽤 작아서 귀로 열이 빠져나가는 것을 막았죠. 항문은 여닫을 수 있었고요. 긴 털은 이중구조로 되어 있어서 추위를 견디고

열을 보존했어요.
추운 곳에서 살다가 갑자기 더워지면서 매머드가 더위에 적응하지 못하고 멸종한 것이 아닐까 추측하고 있어요. 또는 식물 군락이 달라져서 매머드가 먹을 수 있는 식물이 사라졌거나, 눈이 녹아 사라졌고 온난화로 수면이 상승하면서 많은 호수에 바닷물이 섞였을 거예요. 그래서 매머드가 마실 수 있는 물이 사라졌다는 설이에요.
20만 년에 걸친 기후변화로 보아 더운 시기에는 매머드의 수가 줄었어요.

하지만 이 인류설과 기후설 외에 새로운 설이 나왔어요. 먼저 나온 2가지 설을 부정하는 것인데, 앞서 언급한 러시아의 시베리아 브란겔 섬에서 발견된 매머드의 존재가 그 증거예요. 이 매머드는 지구가 따뜻하던 4,000년 전까지 살아 있었어요. 그렇다면 기후 변화가 멸종 원인이 아닐 가능성이 있다는 거예요. 물론 그 섬이 특이하게도 추운 땅이었다고 한다면 매머드가 그대로 살아남았다고 해도 이상할 건 없을 거예요.
그럼 왜 4,000년 전에 멸종했을까요? 파면 팔수록 끝이 없는 수수께끼네요.

제2장
너무 진화해서 멸종한 생물들

왜 이렇게까지 진화한 거지?!

황당하게 진화한 멸종 생물 20종을 소개할게요!

실루리아기의 거대 전갈
브론토스코르피오

브론토스코르피오는 크기가 1m나 되었던 거대 전갈이에요. 영국에서 발견된 10cm짜리 집게로 보아, 전체 길이는 적어도 90cm에서 1m에 가까웠을 것으로 추측하고 있어요. 이 전갈은 고생대 실루리아기의 지층에서 발견되었어요. 오늘날에도 전갈을 보면 피해야 하는데, 까맣고 번들거리는 초거대 전갈이라니 얼마나 무시무시했을까요? 꼬리 끝에는 7cm에 달하는 침이 있었고, 물속에서 살았거나 물속과 땅 위를 오가며 살았을 것으로도 보고 있어요. 학명의 뜻은 '천둥 전갈'이고, '너무 과하다'보다는 '너무 무섭다'고 할 수 있는 생김새의 고생물이에요.

이 생물은?

- **이름** 브론토스코르피오
- **분류** 절지동물 전갈목
- **멸종 시기** 고생대 실루리아기
- **크기** 전체 길이 90cm~1m
- **발견지/서식지** 영국에서 발견
- **이름의 뜻** 천둥 전갈

전체 길이가 1m에 달했던 '너무 무서운' 전갈

침의 길이도 7cm

현재 가장 큰 전갈보다 5배 더 컸다

3m에 달했던 세계 최대 암모나이트
파라푸조시아

무게는 1.4t

전체 길이가 3m나 되었을 수도 있다

공룡이 번성하던 중생대 백악기 시대, 바닷속에서 가장 많은 개체 수를 뽐냈던 생물이 바로 암모나이트예요. 전세계 지층에서 다양한 형태의 암모나이트 화석이 발견되는 것을 보면 그 수가 얼마나 많았을지 짐작이 가죠. 암모나이트의 껍질은 대부분 지름이 10~20cm 정도 되는 크기였어요.

하지만 개중에는 껍질이 큰 종도 존재했는지, 이 파라푸조시아의 화석은 지름이 3m나 되었어요. 백악기 후기의 것으로 추측되는 이 암모나이트의 껍질 화석이 계속 발견되고 있어서, 어쩌면 더 큰 것이 나올지도 몰라요. 좌우간 정말 큰 녀석이죠.

지름 3m까지 무럭무럭 컸던 거대 암모나이트!

이 생물은?

□ 이름	파라푸조시아
□ 분류	두족류 암모나이트목
□ 멸종 시기	중생대 백악기 후기
□ 크기	지름 1~3m
□ 발견지/서식지	아프리카, 유럽, 북아메리카에서 발견
□ 이름의 뜻	달팽이를 닮은 암모나이트

15.5m의 날개로 하늘을 나는 거대한 익룡
케찰코아틀루스

작은 볏이 있었다

백악기 익룡류 중에서 가장 크다

뼈가 가벼운 구조였다

이 생물은?

- 이름　　　케찰코아틀루스
- 분류　　　파충류 아즈다르코과
- 멸종 시기　중생대 백악기 후기
- 크기　　　날개를 전부 펼치면 12~15.5m
- 발견지/서식지　아프리카, 유럽, 북아메리카에서 발견
- 이름의 뜻　아즈텍 문명의 신(케찰코아틀)

공룡이 살던 중생대 백악기의 익룡류예요. 날개를 펼쳤을 때 폭이 최대 15.5m는 되었고, 역사상 하늘을 나는 생물들 중에서 가장 컸어요. 소형 경비행기 크기였죠. 키도 커서 땅 위를 걸을 때 땅부터 머리까지 길이를 재면 5m나 되었어요. 오늘날의 기린과 맞먹죠. 다만 기린은 몸무게가 1t이라 너무 무거워서 하늘을 날 수 없어요. 하지만 익룡류는 몸무게가 가벼워서 하늘을 날 수 있었어요. 케찰코아틀루스는 크기가 이렇게 큰데도 몸무게가 60~80kg 정도였어요. 뼈가 아주 가벼운 구조로 되어 있어서 무게를 낮출 수 있었답니다.

역사상 하늘을 나는 가장 큰 생물

역사상 등껍질이 가장 큰 거북
스투펜데미스

전체 길이 4m! 역사상 가장 큰 거북

껍질의 길이는 최대 약 2.4m

이 생물은?

- **이름** 스투펜데미스
- **분류** 파충류 큰가로목거북과
- **멸종 시기** 신생대 신제3기
- **크기** 전체 길이 4m
- **발견지/서식지** 남아메리카에서 발견
- **이름의 뜻** 놀라운 거북

신생대 신제3기, 남아메리카에 살았던 역사상 가장 큰 등껍질을 가진 거북이에요. 스투펜데미스는 '놀라운 거북'이라는 뜻인데, 껍질의 길이가 최대 약 2.4m에 달했다고 하니 정말 놀라운 거북이죠? 이 거대 거북은 곡경아목이라는 유형으로, 목을 옆으로 구부려 껍질 속에 넣는 거북이에요. 발견된 목뼈 중에는 30cm에 달하는 것도 있어서 목만 따져도 1m가 넘었어요. 전체 길이는 4m에 달했을 것으로 추측하고 있어요. 4m나 되는 거북이라니, 전혀 상상이 안 갈 정도예요. 화석은 베네수엘라 같은 곳에서 발견되었고 담수역(하천에서 흐르는 물이 둑 등의 인공적인 구조물에 의해 멈춰 있는 수역)에 서식했어요. 물가의 식물을 먹으며 살았을 것으로 보여요.

목 길이만 따져도 1m

뒷다리로 하늘을 날았다?
샤로빕테릭스

중생대 삼첩기 후기, 중앙아시아 키르기스스탄에 살았던 전체 길이가 20cm 정도 되는 파충류예요. 앞다리와 뒷다리에 비막이 있어서 하늘을 날아다녔을 것으로 보고 있어요. 특히 뒷다리는 기묘하게 길었고 거대한 비막이 붙어 있었죠. 페름기부터 등장한 날다람쥐처럼 생긴 파충류들은 후에 등장하는 익룡의 조상이라고도 해요. 하지만 샤로빕테릭스는 뒷다리에 비막이 있었어요. 다른 파충류와는 꽤 다르게 생겼죠. 하늘을 나는 비상 동물의 조상은 앞다리 비막이 발달해서 날개로 진화한 동물들이었어요. 뒷다리에 큰 비막이 있는 생물은 매우 기묘한 셈이죠.

다리 4개에 있는 비막으로 하늘을 날았다

이 생물은?

- **이름**   샤로빕테릭스
- **분류**   파충류 샤로빕테릭스과
- **멸종 시기**   중생대 삼첩기 후기
- **크기**   전체 길이 20~25cm
- **발견지/서식지**   키르기스스탄에서 발견
- **이름의 뜻**   샤로브(고생물학자의 이름)의 날개

뒷다리에 거대한 비막이 있는, 하늘을 나는 파충류

앞다리의 비막

뒷다리의 비막

탯줄로 이어진 어미와 새끼
마테르피스키스

지구 역사상 가장 오래된 태생종?

이 탯줄로 어미와 새끼가 이어져 있었다

고생대 데본기의 지층에서 성어와 그 태아가 탯줄로 이어져 있는 기묘한 고대어의 화석이 발견되었어요. 바로 이 마테르피스키스예요. 어미의 전체 길이는 25cm, 태아는 6cm 정도였어요.

어느 정도까지 태내에서 새끼를 성장시킨 후에 출산하는 생식 형태를 태생이라고 해요. 데본기의 고대어 중에 그런 고도의 번식능력이 있는 물고기가 존재했다는 것은 아주 놀라운 발견이에요.
현재 알려진 척추동물 중에서도 아마 가장 오래된 태생종일 거예요.
마테르피스키스는 판피류라는 단단한 피부의 동물을 먹던 물고기로, 상어의 조상과 친척일 것으로 보고 있어요.

어미와 새끼가 탯줄로 이어져 있는 물고기

이 생물은?

□ 이름	마테르피스키스
□ 분류	어류 판피강
□ 멸종 시기	고생대 데본기
□ 크기	전체 길이 25cm
□ 발견지/서식지	호주에서 발견
□ 이름의 뜻	엄마 물고기

거대하고 복잡한 뿔
에우클라도케로스

어쩌면 이렇게 우아하고 늠름한지! 신생대 신제3기에 살았던 이 거대한 사슴의 뿔은 좌우 폭이 2m나 되었다나 봐요. 꼭 고대 신화나 판타지 작품에 나오는 신령스러운 동물 같죠? 그런데 이 뿔이 멋지기는 하지만 생존하기에는 불리했다나 봐요. 수컷만 거대하고 복잡한 뿔이 있었고요. 수컷끼리 싸우거나 암컷에게 구애할 때 썼을 것으로 보여요. 하지만 눈에 쉽게 띄어서 적에게 쉽게 노출되는 데다 너무 무거워서 평소에는 심하게 거치적거렸을 거예요. 이런 단점이 있지만 암컷에게 '나는 강하다'는 점을 내세워서 뿔이 멋지면 멋질수록 인기가 많았다나 봐요. 우리가 보기에는 당황스럽지만 자손을 남기는 데는 유리했던 셈이죠.

역사상 가장 멋진 뿔을 가진 사슴

이 생물은?

- **이름** 에우클라도케로스
- **분류** 포유류 사슴과
- **멸종 시기** 신생대 신제3기
- **크기** 전체 길이 3m
- **발견지/서식지** 유럽, 중동, 아시아에서 발견
- **이름의 뜻** 완벽하게 갈라진 뿔

거대한 뿔은 암컷을 향한 구애의 상징

등지느러미에 이빨이 나 있었다?!
아크모니스티온

전기톱 같은 등지느러미가 있는 상어

석탄기에 살았던 개성적인 생김새의 상어

이 생물은?

- 이름: 아크모니스티온
- 분류: 어류 심모리움목
- 멸종 시기: 고생대 석탄기
- 크기: 전체 길이 60cm~1m
- 발견지/서식지: 영국에서 발견
- 이름의 뜻: 모루 같은 돛

고생대 석탄기는 상어가 크게 번성했던 시대였어요. 그중에서도 유독 개성적으로 생긴 생물이 바로 아크모니스티온이에요. 크게 발달한 받침대처럼 솟은 등지느러미에는 많은 가시가 나 있어서 꼭 전기톱 같았어요. 사실 이 가시는 상어 특유의 이빨이 발달한 것으로, 많은 이빨이 나 있는 이 구조물은 최강의 무기였다나 봐요.

아크모니스티온이라는 이름은 '모루 같은 돛'을 뜻해요. 흉악한 분위기를 풍기는 생물이었지만, 빠르게 헤엄치지는 못했던 것 같아서 해저에 있는 사체나 무척추동물을 먹었을 것으로 보여요. 생김새 대로라면 닥치는 대로 바닷속 생물을 먹어치웠을 것 같은데 실상은 달라서 흥미진진한 상어였어요.

받침대 모양으로 솟은 등지느러미에 날카로운 돌기가 나 있었다

너무 작은 코끼리
팔래오록소돈 팔코네리

어깨 높이가 90cm밖에 안 될 정도로 작게 진화한 코끼리

발달한 어금니가 있었다

다 자라도 어깨 높이가 90cm, 전체 길이가 150cm였던 희귀한 초소형 코끼리예요.
신생대 제4기에 몰타 섬이나 크레타 섬 등 지중해의 작은 섬들에서 살았어요.

왜 이렇게 작은 코끼리가 있었던 걸까요? 그 이유는 서식지였던 섬들이 작았기 때문으로 볼 수 있어요. 생활 지역이 좁아서 먹을 것도 적었기 때문에 소형인 편이 더 유리했던 것입니다. 팔래오록소돈 팔코네리는 좁은 곳에서 살던 왜소화된 코끼리의 동료일 것으로 보여요.
몸은 작지만 크게 발달한 어금니가 있었어요. 만약 지금도 살아 있었다면 아마 인기 동물이 되었겠죠.

전체 길이 150cm
어깨 높이 90cm

환경이 코끼리를 작게 만들었다?

이 생물은?

- **이름**　　　　팔래오록소돈 팔코네리
- **분류**　　　　포유류 코끼리과
- **멸종 시기**　　신생대 제4기
- **크기**　　　　전체 길이 150cm, 어깨 높이 90cm
- **발견지/서식지**　지중해 섬들
- **이름의 뜻**　　팔코네리의 코끼리

땅 위를 달리는 거대 올빼미
오르니메갈로닉스

키가 1m나 되었던 초대형 올빼미예요. 다리도 날씬한 데다 길어서 아주 잘생겼어요. 이 올빼미는 날 수가 없게 됐는데, 그 이유는 섬에서 살았기 때문이에요. 천적이 없어서 하늘로 도망칠 필요가 없었겠지요. 하늘을 날 수 없는 대신 타조처럼 땅 위를 뛰어다녔어요. 날카로운 발톱과 부리로 쥐나 멸종한 땅늘보를 먹고 살았다나 봐요.

현재 올빼미들 중에 북아메리카와 남아메리카에 살고 있는 가시올빼미가 있는데, 이 가시올빼미도 다리가 길고 달리기를 잘해요. 하지만 키가 1m도 안 되고 20~30cm 정도랍니다.

엄청나게 긴 다리를 자랑하는 덩치 큰 올빼미

이 생물은?

☐ 이름	오르니메갈로닉스
☐ 분류	조류 올빼밋과
☐ 멸종 시기	신생대 제4기
☐ 크기	몸 길이 1m
☐ 발견지/서식지	쿠바에서 서식
☐ 이름의 뜻	거대한 발톱

캥거루의 이미지를 바꿔놓을
에칼타데타

튼튼한 체격과 과일부터 고기까지 다 먹을 수 있는 잡식성

아래턱에 튀어나온 앞니로 사냥감을 사냥했다

신생대 고제3기부터 제4기에 걸쳐 살았던 캥거루에 가까운 종이에요. 현재 호주에 사는 캥거루가 비교적 얌전한 이미지라고 한다면, 이 에칼타데타는 아무리 봐도 사나운 육식동물 같죠? 캥거루치고는 좀 무서워요!

배에 있는 귀여운 새끼가 고개를 빼꼼히 내민 것까지 한몫해서 아주 오싹한 느낌이 들지 않나요?
에칼타데타는 잡식성이어서 동물도 사냥했어요. 아래턱에 튀어나온 날카로운 앞니로 사냥감을 찔러서 잡아먹었을 것으로 보여요. 키는 1.5m 정도였고, 튼튼한 체격의 동물이었다나 봐요. 고대의 캥거루 중에는 이렇게 무시무시한 생김새의 캥거루도 있었답니다.

고대에 실제로 존재했던 육식 캥거루

이 생물은?

- **이름**: 에칼타데타
- **분류**: 포유류 캥거루과
- **멸종 시기**: 신생대 고제3기~제4기
- **크기**: 몸 길이 2m, 키 1.5m
- **발견지/서식지**: 호주에서 발견
- **이름의 뜻**: 강력한 이빨

쥐보다는 하마가 아닐까?
요제파오르티가시아

역사상 가장 큰 설치류로 알려져 있어요. 설치류는 쥐의 동료이니까, 이 녀석은 엄청나게 큰 쥐라는 뜻이죠. 그렇긴 해도 생김새는 쥐보다는 하마 같았어요.
이 동물은 몸 길이가 3m, 몸무게가 1t을 넘겼을 것으로 보이고, 신생대 신제3기에 현재의 우루과이에서 살고 있었어요. 몸집이 큰 경우에는 머리뼈만 따져도 50cm를 넘겼고, 앞니는 10cm 정도였어요.
박력 있는 생김새와 어울리지 않게 어금니가 작았기 때문에 음식을 잘 씹어 넘기지 못했나 봐요. 부드러운 식물이나 과일을 먹었고요. 생활하던 모습도 하마를 닮았을 것 같다는 이야기가 있어요.

몸무게가 1t까지 자라는 역사상 가장 큰 쥐

이 생물은?

- 이름: 요제파오르티가시아
- 분류: 파충류 파카라나과
- 멸종 시기: 신생대 신제3기
- 크기: 몸 길이 3m
- 발견지/서식지: 남아메리카 우루과이에서 발견
- 이름의 뜻: 호세 아르티가스(우루과이의 영웅 이름)

가장 거대한 조류
드로모르니스

역사상 가장 큰 새예요. 추정 몸무게만 650kg으로, 가장 무거운 새이기도 하죠. 거대한 에뮤처럼 보이지만, 사실 닭기러기류에 가까운 종으로 보고 있어요.

키는 3m. 짧은 날개가 있었지만 날 수는 없었어요. 다리는 튼튼했지만 속도는 느렸던 것 같아요. 부리는 매우 크고 튼튼했어요. 이 부리로 나무 열매 등을 부숴서 먹었던가 봐요. 육식을 했다는 설이 있지만 그 설을 부정하는 의견도 있어요.

서식지는 호주였어요. 당시에는 아열대 지역이어서 풍부한 삼림과 물이 있었기 때문에 이렇게까지 덩치가 커졌을 것으로 보여요.

> 추정 몸무게만 650kg으로, 날 수 없는 새

이 생물은?

- **이름**: 드로모르니스
- **분류**: 조류 드로모르니스과
- **멸종 시기**: 신생대 신제3기
- **크기**: 키 3m
- **발견지/서식지**: 호주에서 발견
- **이름의 뜻**: 빠르게 달리는 새

역사상 가장 무거운 조류

부리가 비정상적으로 컸다

너무 무섭게 생긴 멧돼지
메트리디오코에루스

뺨에는 사마귀가 있었다

커다란 어금니 4개

덩치가 소만 한 거대 멧돼지

오늘날의 멧돼지와 달리 완벽한 초식동물

엄청나게 거대한 멧돼지예요. 거의 소만큼 컸어요. 이런 멧돼지가 돌진하면 감당이 안 되겠죠.
입에는 위로 굽은 커다란 어금니가 두 쌍씩 총 4개가 나 있었어요. 눈 아래와 뺨에는 좌우로 사마귀가 있었고, 오늘날의 혹멧돼지와 같은 특징이 있었어요.
다만 오늘날의 혹멧돼지는 잡식성이지만, 이 멧돼지는 크고 커다란 어금니가 있어서 풀을 먹는 데 최적화되어 있었어요. 그래서 완벽한 초식동물이었을 것으로 보고 있죠.
서식지는 남아프리카와 탄자니아, 케냐예요. 300만 년 전부터 100만 년 전까지 살았다고 해요.

이 생물은?

- 이름   메트리디오코에루스
- 분류   포유류 멧돼짓과
- 멸종 시기   신생대 신제3기
- 크기   몸 길이 2~2.5m
- 발견지/서식지 남아프리카, 케냐, 탄자니아에서 발견
- 이름의 뜻   무서운 돼지

매머드의 왕
송화강 매머드

내몽골의 탄전에서 발견된,
커도 너무 큰 매머드

몸 길이가 9.1m! 역사상 가장 큰 매머드

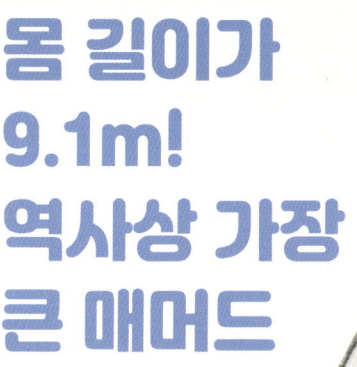

아프리카 코끼리 몸무게의 두 배

매머드는 원래 크지만, 이 매머드는 그중에서도 가장 큰 매머드예요. 매머드들의 왕이죠. 3만 4,000년 전에 살았어요. 어금니를 포함한 몸 길이가 9.1m나 되었고, 어깨 높이가 5.1m, 골반의 폭이 2.8m나 되었어요. 몸무게는 20t 이상 나갔어요. 오늘날 몸집이 큰 아프리카 코끼리의 몸무게가 10t 정도 된다고 하니, 그 두 배는 되는 셈이에요. 1980년에 중국 내몽골의 쟈라이눠얼 탄전에서 발견되었고, 송화강은 중국 동북부에 흐르는 강의 이름이에요.

이 생물은?

- 이름: 송화강 매머드
- 분류: 포유류 코끼리과
- 멸종 시기: 신생대 제4기
- 크기: 어깨 높이 5m, 몸 길이 9.1m
- 발견지/서식지: 중국에서 발견
- 이름의 뜻: 송화강(강 이름)의 매머드

긴 어금니가 하나만 있는 기묘한 고래
오도베노케톱스

긴 어금니는 암컷을 향한 구애의 상징이라는 설도 있다

한쪽 어금니만 이상하게 발달했다

이 생물은?

- 이름　　　오도베노케톱스
- 분류　　　포유류 오도베노케톱스과
- 멸종 시기　신생대 신제3기
- 크기　　　몸 길이 2~3m, 오른쪽 어금니는 1m 이상(수컷만)
- 발견지/서식지　페루에서 발견
- 이름의 뜻　바다코끼리처럼 생긴 고래

오도베노케톱스의 전체 길이는 2~3m 정도라는 등 여러 설이 있어요. 그러나 누가 뭐래도 눈길을 끄는 것은 일각고래처럼 길게 튀어나온 어금니예요. 이 어금니는 앞니(절치)가 길게 뻗어나온 것이에요. 이렇게 긴 어금니는 오른쪽 이빨뿐이에요. 길이는 1.3m 정도였어요. 반면에 왼쪽 이빨은 25cm 정도밖에 안 되어서 좌우 이빨의 차이가 엄청났어요. 긴 어금니는 수컷에서만 찾아볼 수 있었고, 암컷의 양쪽 어금니는 모두 작았다나 봐요.

오도베노케톱스는 '바다코끼리처럼 생긴 고래'라는 뜻이에요. 분명 머리가 바다코끼리를 꼭 닮았지만 고래의 동료예요. 신생대 신제3기에 현재의 페루 근해에 살았답니다.

바다코끼리를 쏙 빼닮은 얼굴

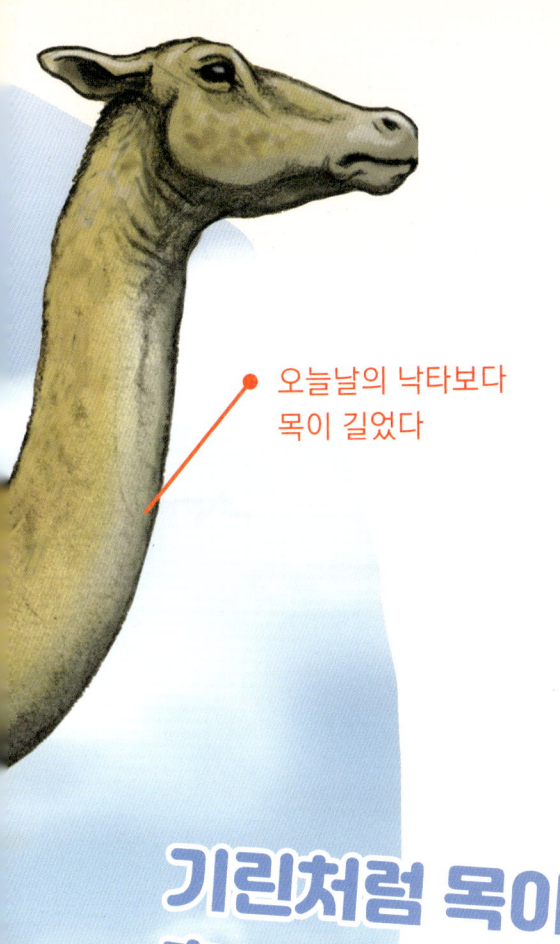

● 오늘날의 낙타보다 목이 길었다

낙타의 동료이지만, 혹이 거의 없었죠. 기린처럼 목이 길었어요. 낙타의 조상은 북아메리카에서 태어난 것으로 보이는데, 아시아나 아프리카로 건너와서 오늘날처럼 혹이 있는 낙타가 된 것입니다.
티타노틸로푸스는 북아메리카에서 번성했어요. 이 낙타가 살던 1,400만~500만 년 전의 북아메리카에는 기린 같은 낙타가 많았어요. 그 낙타들은 높은 나무에 달린 잎을 먹었다나 봐요.
참고로 남아메리카로 간 낙타가 라마의 조상입니다.

기린처럼 목이 길고 혹이 없는 낙타

이 생물은?

□ 이름	티타노틸로푸스
□ 분류	포유류 낙타과
□ 멸종 시기	신생대 신제3기
□ 크기	어깨 높이 3.5m, 전체 길이 5m
□ 발견지/서식지	북아메리카에서 발견
□ 이름의 뜻	거칠고 부푼 거대한 발

거대한 2m의 뿔을 자랑하는
엘라스모테리움

2m 뿔 때문에 유니콘으로 불리던 코뿔소

머리에 2m짜리 거대한 뿔을 달고 있던 코뿔소의 조상이에요. 신생대 제4기 갱신세에 살았고, '시베리안 유니콘'이라고도 불렸어요. 체격이 커서 전체 길이는 거의 5m에 달했다나 봐요. 사실 엘라스모테리움의 뿔 화석은 발견되지 않았어요. 머리 화석에 뿔이 남아 있지 않았거든요. 이 뿔은 소나 사슴의 뿔과 달리 털이 단단해져서 생긴 것이었으니까요. 털이 화석으로 남아 있지는 않지만 머리에 거대한 뿔이 있었던 흔적으로 보아 그렇게 추측하고 있어요. 코뿔소의 동료이지만 튼실한 체격치고는 의외로 발이 빨랐다는 것 같아요.

이마의 뿔은 털(각질)이었다

다른 코뿔소보다 다리가 길어서 말처럼 달렸을 것 같다

이 생물은?

□ 이름	엘라스모테리움
□ 분류	포유류 코뿔소과
□ 멸종 시기	신생대 제4기
□ 크기	몸 길이 4.5m, 뿔의 길이 2m
□ 발견지/서식지	유럽, 아시아에서 발견
□ 이름의 뜻	판을 가진 짐승

코에 불균형한 뿔이 나 있는
신테토케라스

소나 사슴처럼 보이지만 우제류라는 낙타의 동료예요. 신생대 신제3기 중신세에 살았어요. 우선 코 위에 있는 불균형한 Y자처럼 생긴 멋진 뿔에 눈길이 가죠? 머리에도 뿔이 2개 있었어요.
참고로 학명인 신테토케라스는 '합쳐진 뿔'이라는 뜻이에요. 이 동물에게 이런 뜻의 이름을 붙인 사람의 생각을 알 것 같죠? 머리뼈 화석을 통해 Y자 모양의 뿔은 뼈로 이루어져 있었고 피부가 그 뿔을 덮고 있었다는 사실이 밝혀졌어요. 이 뿔은 수컷에게만 있었을 것으로 보이는데, 아마 수컷끼리 싸울 때 썼을 것이라는 설이 유력해요.

> 코 위와 눈 위에 한 쌍의 뿔이 있었다

이 생물은?

- **이름**: 신테토케라스
- **분류**: 포유류 프로토케라스과
- **멸종 시기**: 신생대 신제3기
- **크기**: 몸 길이 1.5~2m
- **발견지/서식지**: 미국, 멕시코에서 발견
- **이름의 뜻**: 합쳐진 뿔

고대의 대형 초식 포유류
우인타테리움

머리뼈의 길이는 1m나 되지만 뇌가 들어 있는 공간은 10cm 정도였다

코뿔소를 닮은 대형 포유류의 선구자

머리에 뿔이 6개 나 있는 흉측한 형태로 진화했다?!

머리에 뿔이 6개 있었고, 생김새는 코뿔소를 닮았어요. 올록볼록하게 튀어나온 이 세 쌍의 뿔은 끝이 뾰족하지 않았고, 기린처럼 피부로 덮여 있었어요. 우인타테리움은 공각목(식물을 먹고 뿔과 송곳니, 코뿔소 같은 발굽이 있는 포유류)의 일종인데, 공룡이 멸종한 후 신생대 고제3기에 대형화한 포유류의 선구적인 존재일 것으로 추측하고 있어요. 몸 길이는 3m 정도였고 큰 경우에는 4m 가까이 되었는데, 거대한 몸을 코끼리처럼 튼튼한 4개의 다리로 지탱했어요. 위턱에는 앞니가 없고 아래턱의 앞니도 작았기 때문에 혀를 써서 식물을 먹었을 것으로 추측하고 있어요. 그러나 발달된 날카로운 송곳니도 있었어요. 이 송곳니는 암컷보다 수컷이 더 발달했다나 봐요.

이 생물은?

- **이름** 우인타테리움
- **분류** 포유류 우인타테리움과
- **멸종 시기** 신생대 고제3기
- **크기** 몸 길이 3m
- **발견지/서식지** 미국, 중국에서 발견
- **이름의 뜻** 우인타(미국의 지명)의 짐승

칼럼 인류가 멸종시킨 생물들 ❷

인간이 달군 돌을 먹인 탓에 멸종한 자이언트 모아

타조보다 1.5배 큰 새

뉴질랜드에 살던 타조 같은 새가 바로 자이언트 모아예요.
머리까지 재면 키가 큰 경우에는 3.6m나 되어서 세상에서 가장 키가 큰 새였어요. 타조목이지만 타조보다 컸고 몸무게는 250kg이나 되었죠. 참고로 타조는 머리까지 길이를 재도 2.3m이니까 자이언트 모아가 타조보다 1.5배는 컸어요.
수컷과 암컷은 몸 크기가 완전히 달랐어요. 수컷이 더 작았는데, 암컷의 3분의 2 정도 되는 크기였으니 타조와 비슷했죠. 수컷은 몸무게도 90kg 정도밖에 안 되었어요.
이 새는 날지 못했어요. 하늘을 날 수 없을 뿐만 아니라 날개도 없었어요. 그 대신 발은 빨라서 시속 50km로 달릴 수 있었다나 봐요.

마오리족의 남획과 삼림 파괴로 멸종

자이언트 모아의 멸종 원인은 마오리족의 남획과 삼림 파괴에 있어요. 원래 뉴질랜드에는 다른 원주민들이 살았는데 나중에 마오리족이 이주해왔어요.
자이언트 모아는 소화를 돕기 위해 돌을 먹는 습성이 있었어요. 이 습성은 다른 새에게서도 찾아볼 수 있어요. 그런데 섬에 들어온 마오리족이 그 습성을 이용해서 자이언트 모아에게 달군 돌을 먹게 해서 죽인 거죠. 왜 이렇게 했을까요?
섬에는 인간이 잡아먹을 대형동물이 없었기 때문에 자이언트 모아를 무분별하게 사냥했어요. 심하게 흉포하지 않아서 비교적 쉽게 잡을 수 있었다나 봐요. 생각해보면 참 잔인한 방식이었죠. 마오리족은 섬을 개척하기 위해 자이언트 모아의 서식지인 삼림을 파괴하고 생활

터전을 앗아갔어요. 게다가 지구의 온난화와 더불어, 알이 태어나는 개수가 2~4개로 그 수가 많지 않아서 번식력이 약했다는 점도 멸종 시기를 앞당겼어요. 자이언트 모아는 1,500년 경에 멸종했을 것으로 보여요. 하지만 지금도 뉴질랜드에서는 자이언트 모아를 봤다는 말이 나오고 있죠. 어쩌면 뉴질랜드 산속 깊은 곳에 몰래 숨어 살고 있을지도 몰라요.

제3장
이게 그 생물의 조상이라고요?!

말도 안 돼! 이게 그 생물이라고요?!

현재의 생물들과 전혀 다르거나 아주 비슷한 15종의 친구들을 소개할게요.

뱀의 조상
파키라키스

다리가 사라지기 바로 직전의 고대 뱀

이 생물은?

- **이름** 파키라키스
- **분류** 파충류 파키라키스과
- **멸종 시기** 중생대 백악기
- **크기** 전체 길이 1~1.5m
- **발견지/서식지** 이스라엘
- **이름의 뜻** 두꺼운 가시

파키라키스는 중생대 백악기에 살았던 가장 오래된 뱀이라고 해요. 언뜻 보기에는 평범한 바다뱀 같지만, 자세히 보면 몸 뒤쪽에 앙증맞은 뒷다리가 달려 있어요. 이 뒷다리를 보니 정말 애매한 느낌이 들죠?

오늘날의 뱀에게서는 찾아볼 수 없는 이 작은 한 쌍의 뒷다리는 퇴화하는 중이었을까요? 그런데 앞다리는 없었어요. 파키라키스가 얕은 바다에 살고 있었던 점으로 보아 뱀이 탄생한 곳은 바다일 것으로 추측하는 학자도 있어요. 화석은 이스라엘에서 발굴되고 있고 전체 길이는 1~1.5m 정도예요.

다리가 퇴화하고 있었다?

아주 작은 한 쌍의 뒷다리

인간의 조상이라고 불리는
퍼가토리어스

인간의 조상이 쥐였다고 하면, 쥐를 싫어하는 사람은 까무러칠지도 모르겠네요. 공룡이 전성기를 누리던 시대에 포유류는 쥐 같은 모습이었고 공룡의 눈에 띄지 않도록 살금살금 도망 다녔어요. 영장류의 동료도 쥐와 비슷한 생김새였을 것 같아요.
퍼가토리어스의 치열에는 영장류의 특징이 있었어요. 위아래의 큰 어금니가 뭔가를 물어서 끊는 것이 아니라 뭉개는 구조로 되어 있는데, 이런 구조는 원후류(포유류 영장목에 속한 아목)의 화석에서 자주 찾아볼 수 있어요. 게다가 나무도 잘 타서 나무 위에서 생활했다나 봐요.
참고로 쥐는 인간의 조상이 아니니까 안심하세요.

쥐와 비슷한 가장 오래된 영장류

백악기 후기에 등장한 인간의 조상?

이 생물은?

- **이름** 퍼가토리어스
- **분류** 포유류 퍼가토리어스과
- **멸종 시기** 백악기 후기~고제3기 전기
- **크기** 전체 길이 10cm
- **발견지/서식지** 북아메리카, 유럽에서 발견
- **이름의 뜻** 화석의 발견지 '연옥 언덕(퍼가토리 힐)의 것'

나무를 잘 타서 곤충이나 과일을 먹었을 것으로 여겨진다

코끼리의 조상이라고요?!
포스파테리움

하마처럼 보이지만, 신생대 고제3기에 살았던 코끼리의 조상이라고 불리는 동물이에요. 긴 코가 없는 것은 물론이고 몸 길이는 60cm 정도 되는 소형 생물이에요. 생김새가 오늘날의 코끼리와는 왠지 너무 동떨어져 보이죠? 코끼리과는 몸이 커지면서 코가 길게 진화했을 것으로 보여요. 코가 짧은 채로 몸만 커지면 머리 위치가 높아지면서 땅에 있는 물이나 식물을 먹을 수 없게 되니까요. 포스파테리움은 코끼리과로서는 가장 오래된 생물의 일종이에요. 이 생물이 나중에는 오늘날의코끼리처럼 변한다니, 생물의 진화란 정말 놀랍지 않나요?

몸 길이는 60cm로 중형견 사이즈

가장 원시적인 코끼리의 일종

이 생물은?

이름	포스파테리움
분류	포유류 누미도테리움과
멸종 시기	신생대 고제3기
크기	몸 길이 60cm
발견지/서식지	모로코에서 발견
이름의 뜻	인산염 짐승

놀라운 점이 많은 코끼리의 동료
플라티벨로돈

코끼리는 몸이 커진 만큼 다리를 굽히기보다 코를 길게 늘여 자유롭게 움직이게 되었어요. 몸이 무거우니까 다리를 굽히고 펴기가 힘들거든요. 그래서 코로 물건을 집거나 물을 마실 수 있게 된 거죠.
이 플라티벨로돈은 코끼리 조상의 동료이지만 코뿐만 아니라 아래턱도 길었어요.
'삽 엄니'라는 별명으로도 불리는데, 아래턱이 마치 삽처럼 되어 있었기 때문이에요. 아래턱의 어금니로 풀을 뿌리째로 퍼내거나 나뭇가지를 꺾어서 모았다나 봐요. 아주 편리한 턱이었죠.

별명은 '삽 엄니'

이 생물은?

- **이름** 플라티벨로돈
- **분류** 포유류 암벨로돈과
- **멸종 시기** 신생대 신제3기
- **크기** 어깨 높이 2m, 몸 길이 4m
- **발견지/서식지** 세계 각지에서 발견
- **이름의 뜻** 납작하게 돌출된 이빨

경이로운 아래턱을 가진 코끼리?!

삽 같은 역할을 했던 아래턱의 어금니

얼룩말인 듯 기린인 듯
팔래이오트래구스

기린과 오카피의 공통 조상

얼룩말처럼 무늬가 있었다

목이 길어지기 전의 가장 오래된 기린

이 생물은?

- 이름 : 팔래이오트래구스
- 분류 : 포유류 기린과
- 멸종 시기 : 신생대 신제3기
- 크기 : 키 1.7m
- 발견지/서식지 : 아프리카, 아시아, 유럽에서 발견
- 이름의 뜻 : 고대의 영양

아무리 봐도 얼룩말 같죠?
기린이라면 목이 아주 길 텐데,
팔래이오트래구스는 그렇지 않았어요.
하지만 기린의 조상이랍니다.
기린과 오카피의 조상은 같았을 것으로 보고
있어요. 닮은 듯 닮지 않은 두 동물이지만,
귀까지 닿는 긴 혀의 색이나 피부로 덮인 뿔 등
공통적인 특징이 있어요.
팔래이오트래구스는 원래 숲에 살고
있었어요. 하지만 지구의 한랭화가
진행되면서 숲이 줄어들었죠.
그때 초원으로 나온
팔래이오트래구스가
기린으로 진화했고,
그대로 숲에서 진화한 것이
오카피가 아닐까 추측하고 있어요.

목은 짧지만 기린과인
시바테리움

말코손바닥사슴 같은 뿔이 나 있고 소처럼 생긴 이 생물은 생김새와는 달리 신생대 신제3기 선신세에 살던 기린과예요. 아주 오랜 옛날에 기린과는 여러 종류가 있었지만, 목이 길지 않았고 대다수는 사슴과 비슷하게 생긴 초식동물이었어요. 그중에서 돌연변이로 목이 긴 녀석이 나타났죠.
그들은 더 높은 곳에 있는 나뭇잎을 먹을 수 있기 때문에 먹이를 둘러싼 생존경쟁에서 유리해졌어요.
그렇게 목이 짧은 기린은 멸종하고 목이 긴 종이 살아남은 거예요.
이 시바테리움은 목이 짧은 채로 소과와 비슷하게 생활했고, 소와 생존 경쟁을 벌이다가 살아남지 못하고 멸종한 것으로 추측하고 있어요.

소처럼 생긴 기린과 동물

이 생물은?

- 이름: 시바테리움
- 분류: 포유류 기린과
- 멸종 시기: 신생대 신제3기
- 크기: 어깨 높이 1.7~2.2m
- 발견지/서식지: 아시아, 아프리카, 유럽에서 발견
- 이름의 뜻: 시바(힌두교의 신)의 짐승

고양잇과의 조상?!
슈델루스

고양이와 개의 공통 조상은 미아키스로 여겨지고 있어요.
미아키스에서 고양이 쪽으로 진화한 생물이 프로아일루루스라고 불리는 최초의 고양잇과인데, 2,500만 년 전에 살았어요.
이 슈델루스는 그 다음 세대인 고양이의 조상이라고 불려요. 나무를 잘 타서 나무 위에서 생활했다나 봐요.

슈델루스를 기점으로 현재의 고양잇과 동물과 샤벨 타이거 같은 동물로 갈렸을 것으로 보여요.
이 고양잇과 동물은 위턱의 송곳니가 발달했어요.
이 송곳니가 발달해서 스밀로돈 등의 날카로운 어금니가 된 것이 아닐까 추측하고 있답니다.

고양이의 조상은 나무 위에서 생활했다

이 생물은?

- **이름**: 슈델루스
- **분류**: 포유류 고양잇과
- **멸종 시기**: 신생대 신제3기
- **크기**: 몸 길이 120cm
- **발견지/서식지**: 유럽, 아시아, 북아메리카에서 발견
- **이름의 뜻**: 가짜 고양이

나무를 잘 탔을 것으로 보고 있다

발달된 송곳니는 훗날 등장하는 스밀로돈에게 이어진다

등껍질이 없는 고대 거북
에오린크오킬리스 시넨시스

발달한 주둥이가 있었다

납작한 체형이었다

등껍질이 없는 거북이에요. 몸통에는 원반형 갈비뼈가 있었고 긴 꼬리가 있어서 체형은 거북 같았지만 특이하게도 등껍질이 없었어요. 거북의 등껍질은 등뼈 같은 것이 판자처럼 변해서 그 표면이 비늘판으로 덮인 거예요. 이 거북은 아직 그렇게 진화하지 않았다는 뜻인데, 꽤 무방비해 보이죠? 다만 발달한 주둥이가 있었어요. 오늘날의 거북에게는 이빨이 없지만 이 거북에게는 이빨이 있었어요. 자신을 방어하는 데는 취약했지만 먹는 데는 강했을지도 모르죠. 학자들은 이 거북이 얕은 여울에 살며 진흙탕을 뒤져서 사냥감을 찾았을 것으로 추측하고 있어요.

거북의 조상은 등껍질이 없었다

이 생물은?

- **이름**: 에오린크오킬리스 시넨시스
- **분류**: 파충류 거북과
- **멸종 시기**: 중생대 삼첩기
- **크기**: 전체 길이 1.8m
- **발견지/서식지**: 중국에서 발견
- **이름의 뜻**: 중국에서 발견된 주둥이가 있는 첫 거북

두 발로 걸었던 악어의 친척
헤스페로수쿠스

2개의 뒷다리로 걸어 다닌 악어

공룡의 먹이가 된 악어 닮은 파충류

과거의 악어는 땅 위를 활보했어요. 다리도 길고 날씬해서 두 발로 걸을 수도 있었어요. 물론 오늘날의 악어처럼 물가에 살지는 않았고 완벽하게 육상에서 생활했을 것으로 보여요.

사실 이 악어는 공룡의 먹잇감이 되었던 모양이에요. 헤스페로수쿠스는 중생대 삼첩기 후기에 살았어요. 이 무렵에는 이 악어와 많이 닮은 코엘로피시스라는 공룡이 있었는데, 헤스페로수쿠스보다 덩치가 크고 민첩했어요. 헤스페로수쿠스는 이 공룡의 사냥감이 된 거예요. 이 공룡의 화석 근처에 잡아먹힌 헤스페로수쿠스 화석이 나왔어요. 아주 약한 악어였죠.

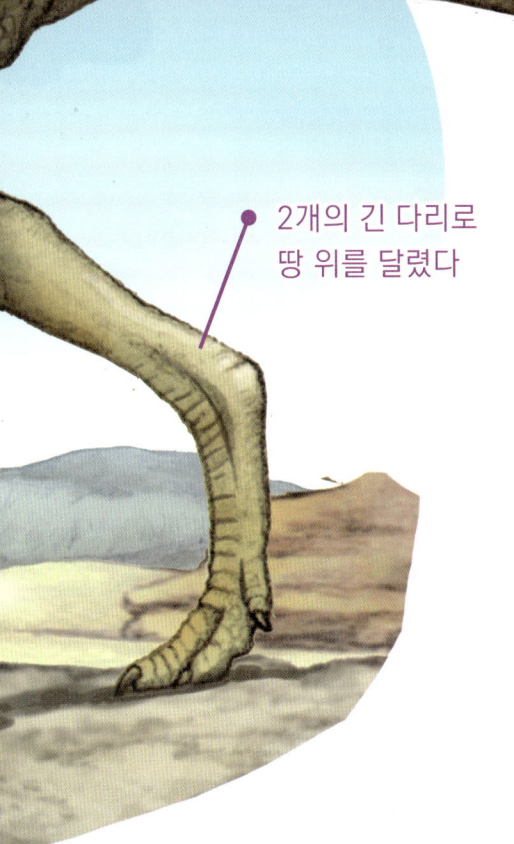

2개의 긴 다리로 땅 위를 달렸다

이 생물은?

☐ 이름	헤스페로수쿠스
☐ 분류	파충류 악어형류
☐ 멸종 시기	중생대 삼첩기 후기
☐ 크기	전체 길이 1m
☐ 발견지/서식지	북아메리카에서 발견
☐ 이름의 뜻	서쪽(금성)의 악어

별난 습성을 가진 악어의 친척
스토마토수쿠스

악어라는 말을 들으면 강력한 턱과 날카로운 이빨로 사냥감을 물어뜯는 이미지가 떠오르죠? 실제로 영상에서 그런 광경을 자주 볼 수 있었고요. 하지만 고대의 악어 중에는 그런 이미지와는 거리가 먼 종류도 있었나 봐요.
이 스토마토수쿠스의 사냥감은 플랑크톤이었어요. 위턱의 이빨은 날카롭지 않았고, 작은 원뿔형 이빨만 띄엄띄엄 있었어요.
아래턱에는 이빨이 하나도 없었고요.
그 대신 아래턱에는 수염고래처럼 플랑크톤을 걸러 먹는 수염이 있었다나 봐요.
하지만 지금은 이 악어 친척의 화석은 없어요. 독일 뮌헨 박물관에 있었는데 전쟁으로 파괴되었거든요.
정말 아쉬워요!

이 생물은?

- **이름** 스토마토수쿠스
- **분류** 파충류 스토마토수쿠스과
- **멸종 시기** 중생대 백악기 중기
- **크기** 전체 길이 10m
- **발견지/서식지** 이집트에서 발견
- **이름의 뜻** 무기 없는 입을 가진 악어

엄청나게 큰 나무늘보의 친척
메가테리움

무지막지하게 큰 나무늘보의 동료예요. 전체 길이는 8m, 몸무게는 3t에 달했어요. 이렇게 큰 덩치로 나무에 오를 수 없었겠죠. 그래서 땅에서 살았어요. 꼬리는 굵고 긴 데다 손발에 날카로운 발톱이 있었고 혀가 길었어요. 높은 나무를 손으로 끌어당겨 나뭇잎을 혀로 핥아먹었던 듯해요.

날카로운 발톱으로 땅을 파서 뿌리줄기를 먹었을지도 몰라요. 1만 년 정도 전쯤까지 살아 있었어요. 이 메가테리움에 가까운 종으로 에레모테리움이 있어요. 인간이 사냥했던 동물인데, 어쩌면 메가테리움도 인간의 사냥으로 멸종했을지 몰라요.

커도 너무 컸던 나무늘보의 조상?!

추정 몸무게만 3t!

이 생물은?

- 이름 : 메가테리움
- 분류 : 포유류 메가테리움과
- 멸종 시기 : 신생대 제4기
- 크기 : 전체 길이 6~8m
- 발견지/서식지 : 남아메리카에서 발견
- 이름의 뜻 : 거대한 짐승

오늘날의 나무늘보와 달리
땅에서 살았다

설마 고래?!
파키케투스

고래의 조상은 땅 위에 살았다

생김새가 꼭 늑대 같다?

이 생물은?

- 이름　　　　파키케투스
- 분류　　　　포유류 파키케투스과
- 멸종 시기　　신생대 고제3기
- 크기　　　　몸 길이 1.5m
- 발견지/서식지　파키스탄에서 발견
- 이름의 뜻　　파키스탄의 고래

아무리 봐도 고래 같지 않죠? 꼭 늑대나 개 같아요. 하지만 고래의 직접적인 조상은 아니더라도 원시적인 고래의 일종으로 보고 있어요. 튀어나온 입이나 치열, 귀 등 오늘날 고래의 특징을 갖고 있죠. 파키케투스의 생활 기반은 육지였나 봐요. 튼튼한 다리로 땅 위를 걸을 수 있었고, 바다에도 들어갔어요. 5,000만 년 전에 이 생물이 있던 인도에는 테티스라는 이름의 온난하고 얕은 바다가 펼쳐져 있었어요. 눈의 위치가 높은 곳에 있는 것으로 보아 입 아래까지 바다에 몸을 담그고 사냥감을 찾았을 것으로 보고 있답니다.

튼튼한 4개의 다리에는
갈퀴가 있었을 것이라는 설도 있다

질주하는 코뿔소?!
히라코돈

뿔이 없어서 말처럼 보이기도 하지만, 코뿔소의 친척 히라코돈이에요. 이 히라코돈이 멸종한 후에 파생해 살아남은 동물이 코뿔소과로 진화했을 것으로 보여요. 오늘날의 코뿔소와 마찬가지로 발가락은 앞뒤 모두 3개씩 있었어요. 오늘날의 코뿔소처럼 둥그렇고 통통한 체형이 아니라 몸집이 비교적 날씬했어요. 그 때문에 서식지인 널찍한 숲이나 초원을 말처럼 달렸을 것으로 보고 있고요. 히라코돈과의 동물은 '질주하는 코뿔소'라고도 불려요. 몸 길이는 1.5m 정도밖에 안 되어서 현존하는 흰코뿔소와 비교하면 꽤 작았었나 봐요.

이 생물은?

- **이름**   히라코돈
- **분류**   포유류 히라코돈과
- **멸종 시기**   신생대 고제3기~신제3기
- **크기**   몸 길이 1.5m
- **발견지/서식지**   캐나다, 미국, 멕시코에서 발견
- **이름의 뜻**   하이랙스(바위너구릿과)의 이빨

말처럼 날씬한 체격의 코뿔소

코뿔소 같은 뿔은 없었다

코뿔소과의 조상

평원을 질주했을 것으로 보인다

하마를 닮은 코뿔소
텔레오케라스

묵직한 몸통

작은 뿔이 있었다

생김새도 생활 모습도 하마에 가까운 코뿔소

코뿔소과도 다양한 종류가 있었는데, 히라코돈처럼 날씬해서 '질주하는 코뿔소'가 있는가 하면, 하마처럼 통통한 코뿔소도 있었어요. 이 텔레오케라스의 몸무게는 1.8t에 달했어요. 이 코뿔소의 친척은 히라코돈과에서 분류되어 오랫동안 번성했죠.

생김새가 하마를 닮았는데, 생김새만 닮은 게 아니라 생활하던 모습도 비슷해요. 물가에 살며 반쯤 수중 생활을 했다나 봐요. 참고로 코뿔소의 특징인 뿔이 코끝에 작게 하나 있었어요. 전신 골격이 거의 완전한 형태로 발견되었고, 모유를 먹으려고 하는 새끼의 표본도 있답니다.

물가에서 생활했다

현재의 코뿔소보다 짧은 다리

이 생물은?

이름	텔레오케라스
분류	포유류 코뿔소과
멸종 시기	신생대 신제3기
크기	몸 길이 4m
발견지/서식지	북아메리카에서 발견
이름의 뜻	완벽히 뿔 같은 창조물

최초의 양서류
이크티오스테가

> 튼튼한 갈비뼈로 지구 중력으로부터 내장을 지켰다

이 생물은?

- □ 이름　　　　이크티오스테카
- □ 분류　　　　양서류 이크티오스테카과
- □ 멸종 시기　　고생대 데본기
- □ 크기　　　　전체 길이 1m
- □ 발견지/서식지　그린란드에서 발견
- □ 이름의 뜻　　물고기 지붕

앞다리 화석은 발견되지 않았다

양서류는 원래 물속에 있던 어류가 뭍으로 올라온 생물로 보는데요. 다리는 물고기의 지느러미가 진화한 것이에요. 물속과 땅은 중력이 다릅니다. 땅에서는 물의 부력이 없으니 중력으로부터 내장을 지킬 방법이 필요했어요.

이 이크티오스테가에게는 튼튼한 갈비뼈가 있었어요. 그 갈비뼈로 내장을 지켰다나 봐요. 하지만 발가락이 7개나 있어서 땅 위에서 생활하기에는 부적합했기 때문에 가끔씩 뭍으로 올라오는 정도였을 것 같아요. 참고로 육상동물은 진화하면 발가락 수가 줄어들어요. 달리거나 걸을 때 발가락이 많으면 걸리적거리기 때문이에요.

육지로 올라온 고대의 네 발 생물

뒷다리는 물속에서 헤엄칠 때 도움이 되었다

멸종 생물을 교훈으로 삼아야 해요

여기서 소개한 멸종 생물은 이제까지 발견된 많은 생물 중 일부에 불과해요. 발견되지 않은 생물 역시 많이 존재했을 거예요.

우리 인류가 생겨난 지 200만 년이니 슬슬 멸종의 때가 올지도 몰라요. 과연 어떤 방식으로 그때가 올까요? 상상하기는 싫지만, 그래도 그때가 오긴 오겠죠.

그 이유는 지구의 이변일까요? 운석이나 소행성이 지구와 충돌해서일까요? 기아나 핵전쟁일까요? 아니면 이상하게 진화했기 때문일까요?

언젠가 그때가 오더라도 가능한 한 그 시점이 지금은 아니었으면 해요. 가능하다면 지금뿐만 아니라 여러분의 세대와 그 자손의 세대도 멸종하지 않았으면 좋겠어요. 그러기 위해서 우리는 뭘 해야 할까요? 그것은 멸종된 생물이 이 세상에서 사라진 원인을 아는 것이에요. 생물은 왜 멸종하는 걸까요? 이 책에서 본 것처럼 멸종 원인은 하나가 아니에요. 환경변화나 인간과의 싸움, 과도한 진화 등 아주 다양하죠. 마찬가지로 인간 역시 멸종할 때는 여러 이유가 있겠죠. 멸종하고 싶지 않다면 이 책에서 소개한 멸종 생물을 교훈으로 삼아야 해요.

주변을 둘러보세요. 지금 인간은 멸종을 향해 가고 있지 않나요? 멸종된 생물과 같은 길을 가고 있지는 않나요? 조금이라도 그쪽으로 다가갔다면 일단 걸음을 멈추고 길을 다시 봐야 해요. 조금이라도 길게 인간들이 살아남을 수 있도록요.

-감수-
이마이즈미 다다아키

동물학자. 1944년 도쿄도 출생. 도쿄 수산대학(현 도쿄 해양대학) 졸업. 국립 과학 박물관에서 포유류의 분류학과 생태학을 공부하고 문부성(현 문부과학성)의 국제 생물학 사업 계획 조사 및 환경청(현 환경성)의 이리오모테 살쾡이 생태 조사에 참여. 우에노 박물관의 동물 해설원으로 일하다 시즈오카현 '고양이 박물관'의 관장으로 재직. 주요 저서 및 감수서로 《세계의 야생 고양이》(학연 퍼블리싱), 《비겁한 생물 도감》(다카라지마샤), 《너무 진화한 생물 도감》(다카라지마샤) 등이 있다.

-일러스트-
가와사키 사토시

1973년 오사카부 출생. 고생물, 공룡, 동물을 고루고루 사랑하는 고생물 연구가이자 고생물 일러스트레이터. 2001년부터 취미로 그리던 생물 일러스트를 시대 및 지역별로 담아낸 웹사이트 '고생물의 주인'을 개설했고, 이후 개성적이고 당장 살아 움직일 듯한 고생물들의 일러스트로 인기를 끌었다. 저서로 《비교하며 알아보는 동물 진화 도감》(북맨샤), 일러스트를 담당한 《너무 진화한 공룡 도감》(다카라지마샤), 《좀 더 진화한 공룡 도감》(다카라지마샤) 등이 있다.

너무 과해서 멸종한 생물 도감

초판 1쇄 인쇄 2021년 5월 12일
초판 1쇄 발행 2021년 5월 26일

지은이 이마이즈미 타다아키
옮긴이 고나현
발행인 박효상
편집장 김현
기획·편집 김설아, 하나래
표지, 내지 디자인·조판 신미경
마케팅 이태호, 이전희
관리 김태옥

종이 월드페이퍼 인쇄·제본 현문자현
출판등록 제10-1835호
발행처 사람in
주소 04034 서울시 마포구 양화로 11길 14-10 (서교동) 3F
전화 02) 338-3555(代) 팩스 02) 338-3545
E-mail saramin@netsgo.com
Website www.saramin.com

:: 책값은 뒤표지에 있습니다.
:: 파본은 바꾸어 드립니다.

ISBN 978-89-6049-899-0 74490
   978-89-6049-840-2 (set)

우아한 지적만보, 기민한 실사구시 사람in

어린이제품안전특별법에 의한 제품표시	
제조자명 사람in	전화번호 02-338-3555
제조국명 대한민국	주 소 서울시 마포구 양화로
사용연령 5세 이상 어린이 제품	11길 14-10 3층